행복한 마음

행복한 마음

지은이 | 이병욱
초판 발행 | 2012년 12월 28일
4쇄 발행 | 2019. 10. 12
등록번호 | 제3-203호
등록된 곳 | 서울특별시 용산구 서빙고동 95번지
발행처 | 사단법인 두란노서원
영업부 | 2078-3333   FAX 080-749-3705
출판부 | 2078-3477

책 값은 뒤표지에 있습니다.
ISBN 978-89-531-1880-5   03230

편집부에서 독자의 의견을 기다립니다.
tpress@duranno.com   http://www.Duranno.com

두란노서원은 바울 사도가 3차 전도여행 때 에베소에서 성령 받은 제자들을 따로 세워 하나님의 말씀으로 양육하던 장소입니다. 사도행전 19장 8-20절의 정신에 따라 첫째 목회자를 돕는 사역과 평신도를 훈련시키는 사역, 둘째 세계선교(TIM)와 문서선교(단행본·잡지) 사역, 셋째 예수문화 및 경배와 찬양 사역, 그리고 가정·상담 사역 등을 감당하고 있습니다. 1980년 12월 22일에 창립된 두란노서원은 주님 오실 때까지 이 사역들을 계속할 것입니다.

행복한 마음

이병욱 지음

마음이 마음에게 원하는 한 마디,
"행복해야 해!"

두란노

행복한 사람은
다른 사람도
행복하게 해줍니다

이 세상 사람들이 가장 바라고 열심히 찾고 있는 것이 있다면, 바로 행복입니다. 요즘 우리 사회가 너무 힘들다 보니 모두가 행복을 입에 달고 삽니다. 그러나 현실에서는 행복을 찾을 시간도 없이 바쁜 생활에 떠밀려 행복에 대해 생각조차 못하고 살아갈 뿐입니다. 일시적으로 행복을 찾았다며 기쁨의 환호성을 지르는 순간 행복은 새벽 안개처럼 사라지고 맙니다.

2009년 캐나다의 한 대학에서 '행복이란 과연 무엇인가?'라는 주제로 10여 개국 400여 명의 학자와 전문가가 모여 일주일간 토론한 적이 있습니다. 많은 사람이 행복에 대해 명예, 장수, 환경 등을 제시했지만 명쾌한 답을 얻지는 못했습니다. 다만 21세기에 필수적으로 요구되는 행복의 조건에 소유가 차지하는 비중이 그리 크지 않다는 것에는 모두가 동의했습니다.

한국인은 유독 남과 비교해서 자신이 좀 더 나을 때 행복을 느끼는 경향이 있습니다. 오늘 오랜만에 남편과 데이트하고 기쁘게 집으로 돌아왔는데, 옆집 아저씨가 승진하고 그 집 아들이 좋은 대학에 들어가 아내에게 밍크 코트를 사주었다고 하면 바로 불행 모드가 작동되는 것이 우리의 현실입니다. 대한민국 국민은 남과 비교해 더 풍요롭고 사회적 지위도 높아야 행복을 느낀다는 것입니다. 그래서 대한민국에서 행복한 사람은 극소수라는 웃지 못할 이야기가 있습니다.

그러나 우리 모두에게 주어지는 보편적인 행복이 분명히 있습니다. 그것을 찾고 우리의 마음을 잘 다스린다면 우리는 어떤 환경에서도 행복하게 살아갈 수 있을 것입니다. 사실 행복은 비교해서 얻을 수 있는 것이 아닙니다. 주님께서 허락하신 이 세상의 삶을 사랑하는 마음으로 받아들이고 감사하며 기쁘게 일상을 사는 것이 행복입니다. 천국이 지배하는 사람이 되면 사업에 실패해도, 사고가 생겨도, 건강을 잃어도, 시험에 낙방해도, 오해를 받아도 주를 바라며 행복한 삶을 살 수 있게 됩니다.

오늘도 우리는 진정 행복하고 싶습니다. 행복이 있는 곳이라면 어디든 찾아다니며 따라해 봅니다. 그러나 행복을 방법론적으로 접근한 탓에 일시적으로 행복을 누릴 뿐 금세 불행에 빠지고 맙니다. 우리 모두 행복의 원리를 붙들었으면 합니다.

저는 참 행복합니다. 이 글을 쓰면서도 주님의 사랑과 은혜 안에서 행복을 느낍니다. 이 글을 읽고 누군가가 행복할 수 있다고 생각하니 행복한 것입니다.

진정으로 행복하려면 성공에 대한 개념과 목표, 가치를 바꾸어 보십시오. 사람들은 성공하면, 더 높아지면, 더 벌면, 더 가지면, 더 인기가 있으면 행복할 줄 알고 달려갑니다. 그러나 열심히 달려간 곳에는 행복은커녕 더 불행하고 더 고독하고 더 소외되고 더 우울한 것만 있습니다. 인간적인 성공에 집중하는 인생은 결국 불행해집니다. 출세나 성공에 목숨 걸지 마십시오. 세상에 왔으니 이미 출세했고 성공했다고 생각합시다. 주님과 함께하는 인간 존재 그 자체가 바로 위대한 행복입니다. 성공하면 행복한 것이 아니라 행복하면 성공한다고 생각해 보십시오. 마음이 한결 자유로워질 것입니다.

행복을 뜻하는 happiness는 '발생한다'는 뜻을 가진 영어의 'happen'에서 파생한 것입니다. 이는 행복이 일상에서 발생한다는 것을 뜻합니다. 계속해서 행복을 발생시키는 삶을 살기 바랍니다. 우리 앞에 발생하는 일에 대해 긍정적인 생각을 이어 간다면 우리는 얼마든지 행복할 수 있습니다.

어떤 상황도 불행이라고 생각하지 마십시오. 금세 지나갈 짧은 불행을 의식하는 인생이 아니라 긴 행복, 진정한 행복을 선택하고 달려간다면 우리는 얼마든지 행복할 수 있습니다. 일시적인 것이 아니라 더 가치 있고 더 깊고 더 높은 행복을 추구하시기 바랍니다. 더 넓게 인생을 바라보고 자신의 삶에 만족하며 살아갑시다. 이웃을, 상대방을, 남을, 심지어 원수라도 축복한다면 우리의 마음은 행복해집니다.

더 큰 행복을 누리려면 일시적인 행복이 아니라 진정한 행복, 가치 있는 행복, 소중한 행복, 사랑이 있는 행복을 추구해야 합니다. 그래서 무엇보다 행복을 추구하려면 세상적 가치관에서 자유로워야 합니다. 편한 것, 쉬운 것, 좋은 것, 폼나는 것, 박수 받는 것, 인기 있는 것, 칭송이 있는 것을 선택하지 않는 용기가 필요합니다. 이런 것들은 사실 행복을 위장한 불행일 수 있습니다. 당신에게는 이러한 것을 잘 분별하여 선택할 권리도 있고 능력도 있습니다.

나이가 들면서도 돈이나 부, 명예, 권력에 행복이 있다고 생각한다면 당신은 어쩌면 반복적으로 불행을 선택하는 사람일지도 모릅니다. 이러한 물질세계와 완전히 단절되어 살 수는 없겠지만 마음과 정신과 영혼의 행복을 누려야 장년과 노년의 삶이 행복할 수 있습니다. 내 마음에 어떤 고상한 가치를 담고 있는가가 그 사람의 성숙이요 인격이 됩니다.

청·장년의 시기는 이러한 차원 높은 행복한 마음을 준비하는 시간입니다. 지금 당장 영원히 행복한 마음을 위한 당신만의 여행을 떠나 보십시오. 당신의 행복한 미래를 준비하십시오. 그것이 진정한 축복과 행복이 될 것입니다. 행복은 이미 우리 곁에 가까이 와 있습니다. 그러므로 찾을 필요도 없이 그저 누리기만 하면 됩니다.

우리는 행복하길 바라면서 행복을 외적인 요소에서 찾는 오류를 너무나 많이 범하고 있습니다. 경제가 좋아졌으나 불행하다고 느끼는 사람들이 점점 더 많아지고 있는 이유도 이 때문입니다.

현재를 즐기고 미래를 계획하고 과거에 집착하지 않으면 지금보다 더 행복할 수 있습니다. 조금만 신경 쓰면 누구나 하늘로부터 주어지는 행복을 누릴 수 있습니다.

사랑하는 가족과 친구, 사명 있는 삶, 목숨 걸 만한 일, 자유와 타인에 대한 신뢰감, 개인의 다양성을 존중하고 존경함, 보람된 직업과 일, 그 일을 즐기는 균형 잡힌 인격, 일상을 잘 감당할 건강 등이 없으면, 그리고 이것들에 대한 감사가 없다면, 결코 행복할 수 없습니다.

인생에서 행복을 위한 만남에는 네 가지가 있습니다. 하나님과의 만남, 배우자와의 만남, 사명과의 만남, 친구 또는 지인과의 만남이 그것입니다. 행복한 만남은 행복한 인생으로 연결됩니다. 매 순간 행복한 마음을 가지고 살기는 어렵지만, 지금 행복한 만남을 가지면서 행복의 본질을 잘 붙잡으면 길이 열릴 것입니다.

어느 누구도 항상 완벽하게 행복할 수는 없습니다. 그러나 만남과 존재 그 자체가 큰 행복이 되고, 닥치는 상황에 감사하며 행복하게 여기고 만족을 습관화하면 가능합니다. 행복은 내 안에 있습니다. 하나님과 배우자, 사명과의 만남, 친구와의 만남을 통해 행복한 마음을 가질 수 있습니다.

행복은 이상과 현실의 환상적 조화입니다. 행복은 지금이라는 현재성에 기초한 속도 조절입니다. 행복은 전적으로 주님을 중심에 두고 나 자신의 삶을 관조하는 마음에서 생겨납니다. 행복은 행복한 존재가 될 때 비로소 느끼고 누리고 배울 수 있는 가치입니다.

　　그러므로 당신의 행복통장을 마련해 보십시오. 그리고 행복한 가치를 매순간 사용하시기 바랍니다. 삶은 그 자체가 신비요, 기적입니다. 삶에서 겪는 고난은 위장된 축복입니다. 불행 중에도 우리의 시야를 교정하면 행복이 보입니다.

　　여전히 아픔이 많고 불행한 시대! 그렇기에 매 순간 우리 모두가 조금씩 더 행복해지는 그날까지 이 작은 책이 행복을 위한 작은 몸짓이 되길 기원합니다. 지금 바로 일상에 흩어져 있는 많은 행복을 꼭 찾으시기 바랍니다. 그리하여 매 순간 행복을 선언하며 행복한 가정과 행복한 사회를 만들어 가길 바랍니다. 행복하십시오. 한 번뿐인 인생, 지금부터 꼭 행복하게 사십시오.

2012년 12월
이병욱

Part 1

행복은 해석하기 나름

01

연습할수록
커지는 행복

행복은 체온과 비슷해서
오르기도 내리기도 합니다.
그러다 곧 정상으로 돌아옵니다.

우리는 삶을 통해 우리 자신을 돌아보게 됩니다. 그러므로 우리의 일상과 인생, 삶 그 자체가 한데 모이고 담겨서 '그 사람'으로 표현되고 '그 사람'의 인생과 인격이 됩니다. 인생이 삶을 불행하다고 생각하는 사람은 불행을 인격의 그릇에 담고, 행복하다고 여기는 사람은 행복을 인격의 그릇에 담습니다. 그러나 따지고 보면 행복도 불행도 주관적 인식일 때가 많습니다. 우리의 해석과 인격과 확정을 통해 마음의 상태는 얼마든지 달라질 수 있습니다. 행복은 삶의 습관이므로, 연습할수록 커질 수 있습니다. 행복은 내가 잡을 수 없는 파랑새가 아니라 노력하고 연습하여 습관을 들이면 잡을 수 있는 파랑새입니다.

최근 '행복은 지극히 주관적인 영역이 아니라 충분히 측정 가능한 영역'이라고 주장하는 학자들이 많습니다. 그런데 측정 가능한 영역이라고 하는 것이 가족관계, 경제력, 자아실현, 재산, 종교생활, 외모 등 눈에 보이는 것들입니다. 그러나 이러한 것들은 어느 정도 행복의 요인이 될 수는 있어도 행복 그 자체가 될 수는 없습니다. 행복이 우리의 마음에서 오는 것이라면 마음을 어떻게 측정할 수 있을까요? 저는 어떤 경우라도 주님이 주신 은혜 가운데 행복한 마음으로 살아가길 확정합니다. 그래서 매일 일상을 감사하며 누리고 즐기고 실천할 때 제게 행복이 주어집니다.

사람은 불행해도 행복할 수 있고, 행복해도 불행하다고 느낄 수 있습니다. 그때그때 무엇을 어떻게 담느냐에 따라 우리는 불행한 사람도 되고 행복한 사람도 됩니다. 행복한 습관과 행복한 실천이 우리 몸에 배면 우리는 행복한 사람으로 살아가게 됩니다. 우리 인간은 참 다양하고 복잡하기 이를 데 없는 존재입니다. 하루에도 오만 상을 찌푸리고 오만 가지 생각을 다 합니다. 이 참담한 내적 갈등 가운데 우리의 현실에서 빚어 낸 일들을 잘 해석한다면 우리는 얼마든지 삶의 현장에서 행복한 마음으로 행복한 삶을 영위할 수 있습니다.

불행한 일이 생기더라도 그 사건이 일어난 이유를 복되게 해석하고 오히려 그 일에 대해 감사할 수 있다면 그로 말미암은 은혜가 매우 큽니다. 행복해지려면 행복한 해석을 해야 합니다. 이 세상에서 일어나는 어떤 일도 하나님이 당신에게 불행을 가져다주기 위해 일으키신 일이 아님을 확신하십시오. 이렇게 해석해 보십시오. '이 일은 보다 더 성숙한 삶을 위해 하나님이 내게 베푸신 축복된 과정이구나' 라고 말입니다. 그래서 행복은 해석학이라고 말할 수 있습니다.

저는 '행복한 암 치료'라는 타이틀을 걸고 암 환우를 치료하는 행복한 의사입니다. 암 환우들에게 희망을 주고 함께 웃고 울며 행복하게 투병하자고 말합니다. 대부분의 암 환우들은 암으로 인해 불행

하다고 생각합니다. 그러나 암을 이겨 내고 병이 나은 사람들 중에
는 암을 행복의 통로로 여기는 사람도 많습니다. 실제로 저희 병원
환우 중에 암을 통해 가족이 변화되어 암도 고치고 더 행복한 가정
으로 바뀐 경우도 있습니다. 암을 고쳐서 행복해진 것이 아니라 행
복하게 사니 암을 고친 것입니다. 암 투병을 하며 서로가 하나 되고
서로를 진심으로 이해하며 도와주는 과정에서 가족은 서로의 상처
를 치유할 수 있었습니다.

이까칠(가명) 아버님은 간암이 폐로 전이된 말기 암 환우였습니다.
그 아버님은 경상도 남자 특유의 까칠함과 권위주의가 가득했고, 늘
싸우고 신경질적인 성격이셨습니다. 그러다 간암이 폐로 전이된 4기
암으로 진단 받고 저희 병원에 오셨습니다. 다른 병원에서 수술도
불가능하다고 해서 거의 절망 상태였습니다. 저희 진료실에 온 첫날
부터 부부가 서로 싸우기도 하셨습니다. 그래서 제가 이 병을 극복
하려면 서로 하나가 되어 서로 이해하려고 노력해야 한다고 말씀드
렸습니다. 그리고 모든 환우에게 그랬듯이 서로 안아 주고 웃어 주
라고 하는 등 가족 치료를 했습니다.

이까칠 아버님께 먼저 웃어 보라고 하니, 웃을 일이 있어야 웃지
않느냐며 멋쩍어하셨습니다. 그래서 저를 따라 해보시라고 했습니
다. 그러던 중 마지막 단계에 이르자 아버님과 어머님이 우셨습니

다. 그 후 어머님은 아주 행복한 표정으로 아버님이 바뀌었다며 이제는 잘 안아 주고 사랑해 준다고 하셨습니다. 어머님은 요즘처럼 행복한 적이 없다고 하셨습니다.

벼는 농부의 발소리를 듣고 자랍니다. 환우는 의사의 발소리와 정성으로 치유됩니다. 그래서 저는 환우를 하루 3~4차례 회진했습니다. 환우들도 잘 회복되고 나았습니다. 몸은 힘들어도 참 행복했습니다. 우리는 자신이 하는 일을 사랑하며 10년 이상 즐겁게 꾸준히 실천하면 행복의 달인이 될 것입니다.

이 세상에서 살다가 주님 앞에 갔을 때 주님께서 "너는 나를 위해서 뭘 했니?"라고 물어보시면 나는 과연 뭐라고 대답할 수 있을까요? 머뭇거리는 나를 향해 다시금 주님께서 "내가 너 혼자 호의호식하라고 의사 만들어 준 것은 아니지?"라고 물어보시면 뭐라고 대답해야 할지 심각한 고민이 아닐 수 없습니다. 의사라는 직업을 가졌지만 하나님께서 천국으로 부르시면 그 순간 이 세상에서 할 수 있는 것은 아무것도 없습니다. 결국 천국에 가서 하나님 자녀로 당당히 설 수 있는 감격이야말로 가장 귀중한 것입니다.

02

균형 잡힌 마음

인생은 외줄타기처럼 아슬아슬해 보입니다.
그러나 여유로운 마음으로 균형을 잘 잡으면 넘어지지 않고
행복하게 목적지까지 갈 수 있습니다.

어느 날 출근길에 한 트럭을 보았는데, 트럭의 뒷문이 열리자 빵이 한가득 실려 있었습니다. 그런데 막대기 하나가 빵을 실은 마지막 줄의 플라스틱 상자들을 지탱하고 있었습니다. 운반하다가 트럭이 덜컹거리기라도 하면 곧 빵이 쏟아질 것 같았습니다. 그러나 그 막대기 하나가 빵이 쏟아지지 않게 잘 지탱해 주고 있었습니다. 계속 지탱하려면 참 많이 힘들 것입니다. 그러나 꿋꿋하게 견뎌 냄으로써 빵을 흩트리지 않고 안전하게 운반하고 있었습니다.

그 막대기를 보는 순간 그리스도인의 삶이 저런 것이 아닐까 생각해 보았습니다. 누가 보지 않아도, 누가 알아주지 않아도, 누가 관심을 가져 주지 않아도 그 막대기처럼 균형을 잡고 주님을 꿈꾸면서 자신의 일을 잘 감당하는 모습이 바로 믿음의 사람들이 보여야 할 멋진 모습이 아닐까 생각합니다. 오늘날 누구도 알아주지 않는 막대기 하나가 되길 원하는 그리스도인들은 많지 않습니다. 온 힘을 다해 자신이 맡은 바를 막대기처럼 견뎌 내는 행복한 사람이 많아지길 간절히 소망해 봅니다.

물론 그 막대기처럼 사는 분들이 분명 많이 있는데도 우리가 잘 모르고 있을 것입니다. 반대로 자신의 일에 기쁨과 감사와 은혜를 모르고 살아가는 분들도 많을 것입니다. 이 세상에서 그 막대기처럼 사는 분들을 위로하고 격려하고 감사하는 마음을 가지십시오. "당

신은 하나님과 이웃에게 귀하고 아름다운 보석입니다"라고 말을 건
네 주십시오.

> 당신의 그 헌신, 천국에서 해같이 빛나리
> 당신의 그 섬김, 천국에서 해같이 빛나리
> 당신의 그 겸손, 천국에서 해같이 빛나리
> 당신의 그 충성, 천국에서 해같이 빛나리

진정한 행복은 주님을 꿈꾸며 사는 것입니다. 천국을 소망하며 사
는 것입니다. 말씀과 기도와 예배 가운데서 성도로서 영적 균형을
가지고 사는 것입니다. 어느 한쪽에 치우치지 않은 인격과 신격이
그 사람의 행복한 마음을 결정합니다. 세상의 것으로 행복을 채우려
면 많은 필요조건이 그때그때 달라지게 마련입니다. 본질을 붙들고
균형 잡힌 영성으로 나아갈 때 어떤 힘든 상황에서도 행복한 마음
을 누리는 넉넉함이 생기게 됩니다. 주님을 꿈꾸며 균형 잡힌 마음
으로 살아갈 때 행복한 주님의 사람이 됩니다.

언제나 주님을 꿈꾸고 균형 잡힌 마음이 되길 바랍니다. 그게 참
행복입니다. 행복은 생각하기 나름입니다. 인생은 외줄타기처럼 아
슬아슬해 보입니다. 그러나 여유로운 마음으로 균형을 잘 잡으면 넘

어지지 않고 행복하게 목적지까지 갈 수 있습니다.

"오직 강하고 극히 담대하여 나의 종 모세가 네게 명령한 그 율법을
다 지켜 행하고 우로나 좌로나 치우치지 말라 그리하면 어디로 가
든지 형통하리니"(수 1:7).

03

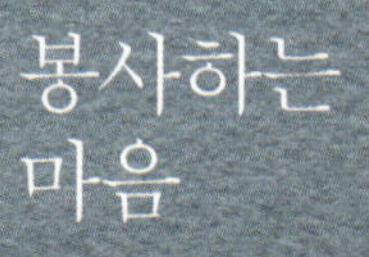

봉사하는 마음

생각, 본능, 행동, 감정, 에너지 등을 자신만의 행복을 위해 사용하지 말고 다른 사람을 위해 사용한다면 인류는 지금보다 더 행복해질 것입니다.

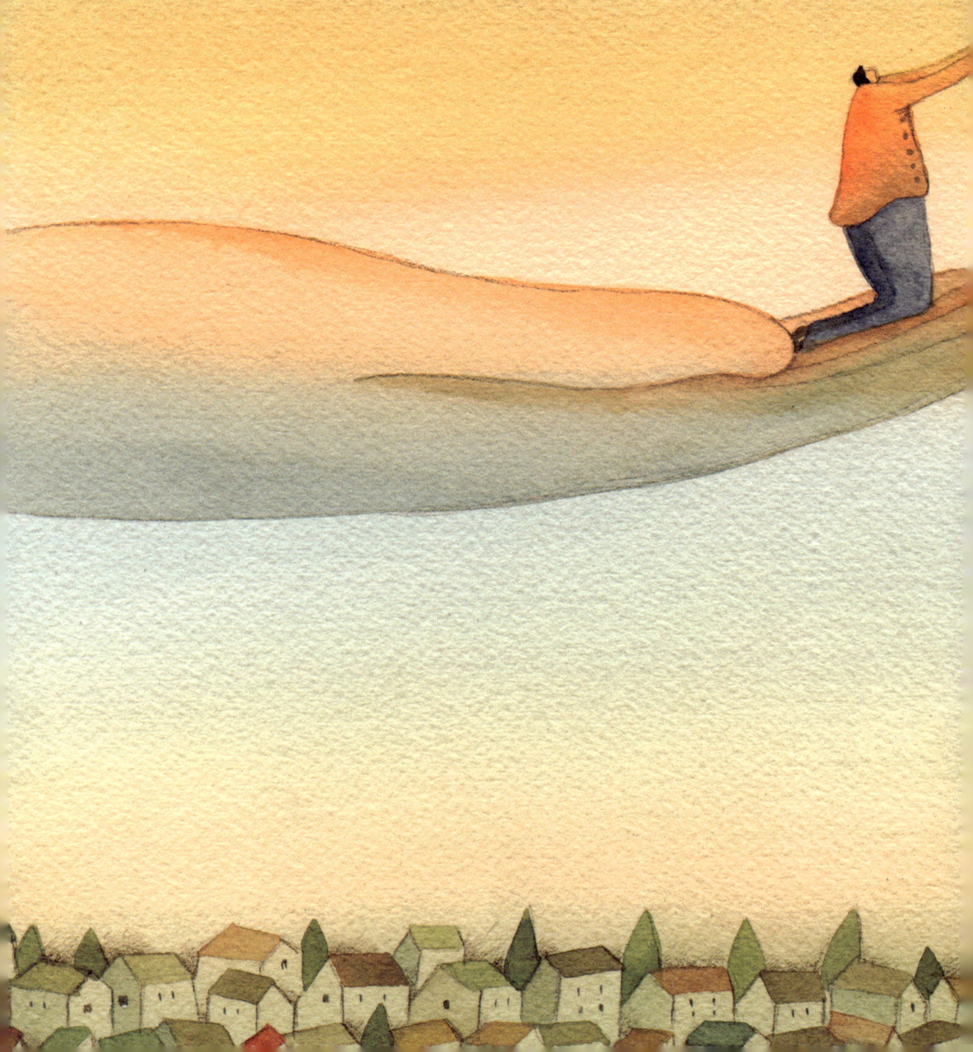

언제나 함께하는 것은 행복합니다. 같이 밥 먹고, 함께 대화하고, 함께 차 마시며 이야기하고, 함께 여행하고, 함께 공부하고, 함께 운동하면 행복한 마음이 가득해집니다. 나아가 함께 봉사와 헌신을 하면 더 행복해집니다.

몇 해 전 서해 앞바다에서 유조선과 바지선이 충돌하여 유조선의 많은 기름이 누출된 사건이 있었는데, 이는 지금까지 우리나라에서 발생한 최악의 사고 중 하나였습니다. 기름띠가 해변과 해안, 해수욕장과 굴 양식장들을 모두 망쳐 놓았습니다. 우리 어민들은 일년 농사를 다 망쳤다며 넋을 잃었습니다. 허공을 향해 멍하니, 때론 울부짖는 모습이 안타까울 따름이었습니다.

기름띠를 다 제거하는 데 무려 10여 년이 걸린다니 어마어마한 재앙입니다. 그러나 한 달도 채 되지 않아 기름띠와 오일볼을 깨끗이 제거해 전 세계를 놀라게 했습니다. 하루에도 3~4만 명이 그곳을 찾아 기름을 하나하나 손수 제거했습니다. 모두 자원봉사한 사람들의 승리였습니다. 초등학생부터 팔순 노인에 이르기까지 모두가 이 나라를 사랑하며 환경을 지키고자 하는 마음으로 하나가 된 것입니다. 추위와 찬바람에도 아랑곳하지 않고 나라와 백성을 사랑하는 마음으로 모인 이름 모를 자원봉사자들의 헌신과 섬김과 땀의 결실입니다. 모두 함께 한마음으로 섬기는 모습이 행복해 보였습니다. 그

분들께 큰 박수를 보냅니다.

변변찮은 방제장치도 없이 벤젠과 톨루엔 등 유해물질에 노출되어 자원봉사자들의 건강이 심히 걱정되었습니다. 하지만 그분들의 순수한 열정과 기쁨과 헌신이 우리 모두를 행복하게 하여 몸이 더욱 건강해졌으리라 확신합니다. 순수한 자원봉사의 힘은 너무나 위대합니다.

자원하는 마음이 바로 행복입니다. 누가 시켜서 한 것이 아니라 자원하여 봉사하니 힘이 나고 행복해지는 것입니다. 이러한 자원봉사자들이 많은 우리나라와 교회가 눈물겹도록 사랑스럽습니다. 우리나라의 미래는 아직 밝고 소망이 있습니다. 우리 모두가 이 나라를 사랑하고, 이 나라를 위해 하나님을 위해 순수하게 봉사하는 행복을 기대하게 되었습니다.

우리 가족도 함께 봉사하기로 뜻을 모아 친척 조카 4명과 교회 대학청년부 회원들과 함께 기름띠 제거작업을 위해 태안에 다녀왔습니다. 조국을 사랑하는 전국의 많은 교회와 기업에서 아침 일찍부터 많은 봉사자가 모였습니다. 새벽 4시에 일어나 봉사자들을 싣고 새벽바람을 헤치며 모항항으로 향했습니다. 그곳으로 가는 길이 얼마나 기쁘고 감사했는지 모릅니다.

어렵사리 모항항을 찾아가 방제복과 마스크, 빨간 장갑을 착용하고 장화를 신고 기름띠 제거작업을 시작했습니다. 유출사고가 심각해서 오염 정도가 심하다고 전해 들었지만, 실제로 바위마다 엉켜 있는 기름띠와 모래에 스며들어 가라앉은 기름띠를 보니 상황이 더 심각하다는 걸 알 수 있었습니다. 추운 날씨였지만 기름띠를 제거하다 보니 금세 몸에서는 땀이 배어 나오기 시작했습니다. 그래도 마음은 행복했습니다. 묵묵히 기름을 닦고 제거하는 많은 사람을 보면서 아직도 이 나라는 소망이 있으며, 이 나라 백성은 참 어질고 착하다는 생각이 들었습니다.

어느 나라가 이와 같은 봉사의 손길이 국가적으로 전개될 수 있을까요? 모든 봉사자의 표정에는 안타까움을 넘어서 조국을 사랑하는 기쁨과 감사와 은혜가 넘쳤습니다. 우리 모두는 하나가 되었습니다. 이곳에서는 여당도 야당도 없고, 반목과 질시도 없으며 불평과 불만도 없었습니다. 그래서 저는 섬김과 봉사로 우리를 하나로 모으게 한 기름 유출 사건이 오히려 하나님께서 우리나라에 주신 축복처럼 여겨졌습니다.

퀴퀴한 기름 냄새 사이로 간간이 느껴지는 상큼한 바닷바람 내음은 삶의 현장에서 찌든 마음의 때를 정화하는 듯했습니다. 기도하는 마음으로 기름띠를 제거하는 모든 봉사자를 보며 하나님의 사랑을 실천하는 이 시대의 진정한 행복자라는 생각을 했습니다. 우리가 삶의 현장에서 주님이 가르치신 것을 실천하는 현장 영성으로 재무장할 때 우리 신앙이 한층 더 발전하고 성숙할 수 있을 것입니다.

서해가 예전과 같은 환경으로 복구되기까지 10여 년이 걸린다고 하니 얼마나 안타까운지 모릅니다. 하지만 지구촌 어디에서도 이와 같은 자연 재해에 국민이 자발적으로 나서서 봉사하는 나라가 없다고 하니 얼마나 기적 같은 일입니까? 많은 봉사자가 서로 선하게 봉사하며 충성, 자비, 양선하는 마음으로 자원해서 섬겼기 때문에 보람과 기쁨과 행복은 더욱 충만했다고 생각합니다. 할 수만 있다면 가정과 교회와 공동체에서 진정 이 시대와 이 나라를 사랑하는 마음으로 선하게 봉사하는 잔잔한 섬김이 평생 동안 계속되기를 소원합니다.

그날 밤늦게 피곤한 몸으로 교회로 돌아와 서로를 축복하며 격려하는 청년회원들의 얼굴에서 행복한 주님의 얼굴을 보는 듯했습니다. 여러분도 시간이 된다면 사랑하는 마음을 가지고 우리의 손길을 기다리는 봉사지에 다녀오지 않겠습니까? 함께 같은 마음으로 진심으로 사랑하며 섬기면 행복해집니다.

04

어린아이 같은
마음

어린아이처럼 살고 있다면
행복은 이미
곁에 와 있는 것입니다.

예전에 모 신문사 기자를 만났는데, 선교지로 떠난다고 했습니다. 기자로서 현장에 있어야 하지만, 하나님께서 가라고 하시니 오랜 기도 끝에 하나님만 바라보고 선교지로 떠난다고 했습니다. 참 감사했습니다. 이 시대에도 하나님만 바라보고 자신의 삶을 결정하는 진정한 동역자가 우리 곁에 있으니 감사했습니다.

한국이 하나님께서 예비하신 미래의 세계 질서를 위해 준비해야 하는데, 우리나라에는 아직 세계 여러 나라를 깊이 아는 전문가도 많이 없거니와 그런 전문가를 양성하지도 않는 것 같습니다. 하나님께서 참 급하신가 봅니다. 우리를 신실한 나라로 만들기 위해 여러모로 준비시키는 것 같습니다. 같이 기도하고 나오는데 그 기자가 제게 물었습니다.

"창엽이, 성엽이는 미국에서 잘 적응하지요?"

"네."

"아이들은 어디를 가든 적응을 잘해요."

"어린아이니까요."

선교사도 어린아이 같은 마음만 있다면 지구촌 어디에서나 주님만 바라보며 잘 적응할 수 있다고 생각합니다. 제가 그 기자에게 "주님 앞에서 어린아이처럼 삽시다" 하고 말했습니다. 매 순간 어린아이처럼 살기를 기도합니다. 하나님께 어린아이같이 붙어 있길, 어린아이같이 순전한 마음으로 주님을 믿고 사랑하며 살기를 바랍니다. 어린아이는 어디에서나 적응을 잘합니다. 교만하지 않기 때문입니다. 어린아이처럼 살면 마음이 행복합니다.

어느 날 점심식사를 하다가 물을 마셨는데 그만 사레에 걸렸습니다. 순식간에 일어난 일이지만 '우리 인간은 참으로 별게 아니구나'라는 교훈을 얻었습니다. 기도(氣道)에 물 한 방울이 잘못 들어가도 이렇게 괴로운데…, 눈에 티가 들어가도 눈을 뜰 수 없이 아프고 괴로운데…, 입에 무엇인가 돋아도 잘 먹지 못하고 괴로운데…, 발바닥에 티눈이 생기면 잘 걷지도 못하고 괴로운데…, 누군가 나를 욕하고 비웃으면 견디지 못하는데… 뭐가 잘났다고 교만하겠습니까. 사람처럼 하나님 앞에 나약한 존재도 드뭅니다. 매 순간 하나님의 은혜가 아니면 살기 힘든 것이 바로 우리 인간입니다.

행복은 어린아이처럼 매사에 놀라워하고 감격하고 감사할 때 생깁니다. 어린아이가 부모님을 의지하듯 우리는 주님을 의지하고 살아야 합니다. 내 지식과 지혜로 사는 인생이 아니라 주님의 지혜로 살아야 합니다. 내 소유로 사는 게 아니라 주님의 은혜로 살아야 합니다. '내 인생은 내 것'이란 생각으로 사는 게 아니라 주님께서 빌려주신 것을 사용한다는 겸손한 마음으로 살아야 합니다. 결국에는 거품으로 변할 힘들이 우리가 모르는 사이에 정치, 경제, 문화, 사회

등 모든 곳에 너무도 많이 들어가 있습니다. 프랜시스 쉐퍼는 21세기를 이렇게 표현했습니다.

"의미 없는 사랑이 만연하는 시대요, 의미 없는 돈을 모으는 시대요, 진리 없는 교육이 난무하는 시대요, 죄의식 없는 살인이 난무하는 시대다."

지금 우리의 모습과 참으로 비슷합니다. 의미 없는 일상이 이해타산과 악한 세태에 휘둘려서 안타까워할 시간이나 의식도 없이 그냥 지나갑니다. 그 의미 없는 곳에 애써 가치를 부여하며 힘을 쏟고 있습니다. 이제 거품과도 같은 의미 없는 힘을 빼고 살아야 합니다. 하나님 앞에서 힘을 빼고 살아야 합니다. 매 순간 어린아이처럼 감사하며 살아야 합니다.

주여 우리를 불쌍히 여기소서
우리의 모습을 긍휼히 여기소서
우리 모두에게 믿음을 주옵소서
우리 모두에게 소망을 주옵소서
우리 모두에게 사랑을 주옵소서
우리 모두에게 생명의 기적을 주옵소서
그리고 주님의 한량없는 은혜를 부어 주옵소서

행복의
소리

행복을 위해 울려 퍼지는
하늘과 자연의 음악,
내면에 공명되는 생명의 노래를 부르세요.

하나님은 모든 생물에게 고유의 소리를 주셨고, 사람에게는 언어를 주셔서 자연과 인간의 모습을 더욱 아름답게 해주셨습니다.

이른 새벽 창문 너머로 들리는 바람을 가르며 노래하는 풀잎 소리와 까치의 반가운 날갯짓 소리와 노랫소리는 참 사랑스럽습니다. 이 소리를 들으며 행복한 아침을 맞이합니다. 이 자연의 소리가 주님을 찬양하는 음악이 됩니다. 우리도 주님이 창조하신 자연으로서 목소리로 찬양합니다. 우리가 주님의 음악이 되고 조금씩 예수님을 닮아가는 마음이 될 때 우리도 행복을 누릴 수 있습니다.

이른 아침 어머니가 아침을 준비하는 건강한 소리로 우리는 먹고 마시며 생명의 하루를 시작합니다. 출근길, 자동차의 엔진 소리와 경적 소리가 희망찬 하루를 예고합니다. 시장에서 들리는 상인들의 외침이 지쳐 버린 우리 생활의 활력소가 될 때도 있습니다. 휴양지 계곡의 물 흐르는 소리와 해변의 파도 소리는 마음에 평강을 줍니다. 피곤한 오후에 들려오는 잔잔한 음악 소리가 우리 영혼에 쉼을 줄 때도 있습니다. 레스토랑에서 들리는 감미로운 음악은 음식 맛을 더욱 맛나게 합니다. 칭찬과 격려의 소리가 우리의 영혼을 소생시킵니다. 축구장을 뒤흔드는 응원의 함성은 지친 선수들에게 격려가 됩니다. 모두 행복한 소리입니다.

레지던트 시절, 피곤하고 지칠 때면 신생아실에 들러 아기의 울음

소리를 들었습니다. 그러면 생명의 신비함과 용기를 얻을 수 있었습니다. 전공의 때 힘들면 재래시장에 들렀습니다. 할머니, 아주머니들의 절규에 가까운 생명력이 응축된 노련한 목청은 나의 영혼을 진동시켰습니다.

'더 견디자. 뭐 이런 것으로….'

그 모든 소리 중에서 사랑하는 사람이 전해 주는 '사랑한다'는 속삭임은 그 어떤 소리보다 우리를 기쁘게 합니다. 하나님께서 우리를 찾아오셔서 하신 "내가 너를 사랑한다", "너는 내 자녀다"는 말씀은 우리를 뜨겁게 하는 신비하고 기쁜 소식입니다. 하나님의 사람들은 조용한 가운데 묵상하며 마음의 소리를 듣거나 하나님으로부터 음성을 듣기 위해 오늘도 기도합니다.

"너희는 들을지어다, 귀를 기울일지어다, 교만하지 말지어다, 여호와께서 말씀하셨음이라"(렘 13:15).

우리 인체가 모두 신묘막측(神妙莫測 : 추측할 수 없을 정도로 신기하고 영묘함)한데, 소리를 듣는 과정을 보면 더욱 큰 신비함을 느낍니다. 귀는 $16cm^2$의 미학이 숨 쉬고 있는 곳입니다. 소리와 균형, 기압의 변동을 감지합니다. 우리 영혼의 귀도 참 신비합니다. 하나님의 음성을 듣고 감사하며, 기뻐하며, 성령 하나님의 은혜 가운데 신앙의 균형과 영성을 깊고 넓게 성장시켜 나갑니다. 예수님을 믿고 의지하며 복음 안에서 기쁘고 건강한 신앙으로 살면 귀에 거슬리는 많은 소리와 우리의 감정을 뒤흔드는 어떤 말도 용납할 수 있습니다. 우리가 마음을 열고 들으면 들을 수 없었던 소리도 들립니다. 우리가 감사하면 어떤 말도 포용할 수 있게 됩니다. 잔잔한 대화는 분위기를 더욱 따뜻하고 사랑스럽고 아름답게 합니다.

그리스도인들의 모든 음성은 주님의 음악이 되어야 합니다. 어떤 중년 신사는 제가 예수님을 믿으라고 전도했을 때 그냥 부질없는 소리로 들렸다고 합니다. 그러나 예수님을 믿고 뒤돌아보니 그 말은 소리가 아니라 영혼을 뒤흔드는 음악이요 복음이었다고 행복하게 고백했습니다. 주님의 음악이 되어 조금씩 예수님을 닮는 마음이 될 때 우리는 행복한 마음이 됩니다. 주님의 음악이 되어 이 세상을 아름다운 소리로 변화시켜 갈 때 우리는 행복한 사람이 됩니다. 우리는 예수님께서 자유자재로 사용하시는 악기가 되고, 아름답고 행복한 노래가 될 수 있도록 매일매일 조금씩 주님을 닮아 가려고 노력해야 합니다.

06

나눔의
행복

자신과 이 사회에게 의미 있는 일을 찾으십시오.
세상이 감동할 일을 찾고 행하십시오.
행복을 요구하기보다 이웃을 행복하게 해주십시오.

우리는 뭔가를 받으면 행복할 것이라고 생각합니다. 그러나 진정 행복한 것은 주는 것입니다. 주님은 주는 것이 받는 것보다 복이 있다(행 20:35) 하셨습니다.

우리가 가진 모든 것을 줄 수도 있고 더 받을 수도 있습니다. 우리가 어떤 마음을 갖느냐가 중요합니다. 우리가 자꾸 나누어야겠다고 생각하면 나눌 수 있는 행복이 주어집니다. 그러나 '아직도 부족하니까 더 모아야 돼'라고 생각하면 끝내 나눌 수 있는 행복은 누리지 못합니다.

어느 설날, 처가에 가는 길에 패스트푸드점에 들렀는데 거기서 동남아 노동자 네 분을 만났습니다. 옆자리에 앉아 있었는데 메뉴 가격을 보더니 주문을 망설이고 있었습니다. 긴 시간이 흘렀고 급기야 주문을 포기하는 듯했습니다. 그래서 아내와 아이들과 의논하여 닭튀김과 음료수를 대접하기로 했습니다. 창엽이가 갖다 드리니 너무 고마워하며 맛있게 잘 드셨습니다.

감사했습니다. '하나님께서 우리를 통해 우리나라에 와서 힘들게 생활하는 저분들을 위로하시는구나' 생각하니 마음이 즐거웠습니다. 혹시 아픈 일이 있으면 우리 병원으로 오라고 했습니다. 저는 가끔 닭튀김을 먹을 때면 그때의 만남이 떠오릅니다. 그래서 주말이면 동남아 외국인 노동자들에게 무료진료를 해주기도 했습니다.

삶의 현장에는 우리가 섬겨야 할 사람이 많습니다. 인도네시아, 필리핀, 파키스탄, 태국, 몽골 등 외국인 노동자들이 우리나라에 와서 예수님을 믿고 귀국한다면 각자 자기 나라에서 얼마나 좋은 하나님의 선교사가 되겠습니까. 교회와 성도가 삶의 현장에서 이방인들을 친절하게 대해 주고 인격적으로 선대하고 예수 십자가의 사랑으로 도와주고 관심을 가져야 합니다. 믿음의 열정과 본질을 회복할 때 우리는 행복해집니다. 우리나라에 온 이방인들은 우리 모두가 잘 해주어야 할 사람들입니다. 과거 우리 선조들은 나그네를 얼마나 선대했습니까? 예수님을 전하고 교회로 인도할 때 행복한 사역자가 됩니다.

우리 주위에는 주님의 심정으로 섬길 사람이 너무나 많습니다. 십자가 사랑으로 믿음의 열정과 본질을 회복하는 마음이 바로 우리가 건강하고 행복해지는 길입니다. 삶의 현장에서 전도할 수 있는 섬김의 대상을 만날 때 우리는 행복해집니다. 이 행복은 어떤 명예와 부와 세상 권력과 비교할 수 없는 참행복입니다.

기본으로 돌아가기 바랍니다. 주님의 사랑을 회복하기 바랍니다. 십자가 사랑으로 믿음의 열정과 본질이 영적인 숨결로 되살아나기 바랍니다. 예수님이 오시면 이 세상 어둠의 그림자나 불행은 다 떠나게 됩니다. 빛이 들면 어둠이 사라지듯이 사랑이 오면 미움은 떠

나는 법입니다. 예수님이 행복이십니다. 예수님을 아는 것, 만나는
것, 함께하는 것이 바로 행복입니다.

무엇이
된다는 것은…

부모가 된다는 것은 평생 자녀를 위해
행복한 마음으로 기도하는 자가 된다는 것입니다.

남편이 된다는 것은 평생 아내를 위해
행복한 마음으로 기도하는 자가 된다는 것입니다.

선생이 된다는 것은 평생 제자를 위해
행복한 마음으로 기도하는 자가 된다는 것입니다.

의사가 된다는 것은 평생 환우를 위해
행복한 마음으로 기도하는 자가 된다는 것입니다.

친구가 된다는 것은 평생 친구를 위해
행복한 마음으로 기도하는 자가 된다는 것입니다.

정치가가 된다는 것은 평생 국민을 위해
행복한 마음으로 기도하는 자가 된다는 것입니다.

사장이 된다는 것은 평생 직원을 위해
행복한 마음으로 기도하는 자가 된다는 것입니다.

리더가 된다는 것은 평생 팔로어를 위해
행복한 마음으로 기도하는 자가 된다는 것입니다.

07

예배는
가장 행복한 시간

인생은 흩어져 숨어 있는 일상에서
참된 기쁨을 찾는 보물찾기 놀이와도 같습니다.
그 기쁨을 찾는다면 행복해집니다.

사람들은 행복해지기 위해 먼저 세상 것으로 욕구를 충족시키려고 합니다. 그러나 우리는 주님의 작품이기에 주님 마음이 우리 마음이 되고 우리 마음이 주님 마음이 될 때 진정한 행복을 얻을 수 있습니다.

우리 가족은 언제나 함께 주님 앞에 나아가 주일예배를 드립니다. 어떤 행복도 이 기쁨과 은혜와 행복에 비교할 수 없습니다. 이 시간이 가장 행복한 시간입니다. 지금도 주일 오전 예배를 드리면 주님 앞에 구원받고 예배드리는 것이 행복해서 어김없이 눈물이 흘러내립니다. 은혜로 인한 감격이요 행복한 눈물입니다. 한 주 동안 살아 있음에 감사하는 눈물입니다. 주님 앞에 예배드리러 나왔음에 감격하는 눈물입니다. 주님께 신령과 진정으로 찬양하며 경배드림이 행복해서 흘리는 눈물입니다.

제가 이렇듯 행복한 예배를 드리게 된 계기가 있습니다. 2005년 12월, 제가 25년 동안 앓던 치질을 수술하기로 마음먹었습니다. 치질이 점점 심해져서 집회나 강의를 마치고 나면 치핵 부위가 항문 밖으로 나와 불편하고 피도 나오고 너무 아팠습니다. 2005년이 가기 전에 치질을 고치려고 하나님께 기도했습니다. 응답을 받고 서울에서 대장항문 질환을 잘 치료한다는 모 병원에서 수술을 받았습니다. 사실 수술을 하지 않고 25년 동안 버틴 이유는, 전공의 시절 치질 수술을 한 뒤 합병증과 후유증 탓에 출혈로 인한 쇼크로 응급실을 찾아온 사람들을 많이 보았기 때문입니다. 그래서 혹여 수술 후에 이와 같은 출혈이 있지 않을까 걱정이 되어 25년 동안 제가 직접 관리했던 것입니다.

아니나 다를까, 수술 후 출혈도 있고 머리도 어지럽고 구토도 나서 얼굴이 점점 창백해져 갔습니다. 그래서 빨리 담당간호사를 불렀습니다. 담당간호사가 혈압과 맥박을 재더니 정상이라며 걱정하지 말라고 했습니다. 그럼에도 제가 집도한 원장님을 만나길 재차 요구했더니 너무 걱정하지 말라며 바쁘다고 가 버렸습니다. 그래서 할 수 없이 아내를 보내 외래 보시는 원장님을 모시고 왔습니다. 원장님은 제 상태를 확인한 뒤 "외과 교수님께서 출혈이라고 하시면 출혈이 맞는 것 같습니다. 재수술을 해야겠습니다, 어떡하죠?" 하며 당황한듯 말했습니다. 저는 그 기회를 놓치지 않고 바로 이렇게 말씀드렸습니다.

"원장님, 지금 이 시간에 예수님 믿겠다고 고백하신다면 이 병원에서 치질로 재수술했다는 이야기는 결코 하지 않겠습니다."

그러자 원장님이 "예, 예수님 잘 믿지요"라고 대답했습니다.

얼마 뒤 간호사가 재수술을 준비하기 위해 다시 왔습니다. 간호사가 정맥을 잡으려고 주사를 놓는데 덜덜 떨며 당황해했습니다. 저는 이때도 놓치지 않고 "보아하니 김 간호사도 원장님처럼 예수님을 믿지 않는 것 같은데, 지금 예수님 믿겠다고 고백하시면 조금 전에 제게 퉁명스럽게 대했던 모든 정황을 결코 말하지 않겠습니다"라고 했습니다. 그러자 김 간호사도 "예, 그러지요" 하고 대답했습니다. 그리고 수술실로 들어가서 재수술을 마치고 나왔습니다.

사실 더 힘든 일은 재수술 이후에 있었습니다. 계속 출혈을 하자 출혈 부위를 잡기 위해 항문 괄약근을 많이 망가뜨려 놨습니다. 어느 정도 회복되었는데도 변을 볼 때마다 불편했고, 복강에 힘을 주고 방귀를 뀌면 어느 때는 대변이 찔끔 나왔습니다. 저는 어느덧 치질 수술 후에 대변을 지리는 사람이 되었습니다.

재수술 이후 주일이 되어 예배에 가겠다고 하자 병원에서는 출혈이 일어나면 출혈을 잡을 일도 막막하고, 쇼크로 죽을 수도 있다며 외출을 보내 주지 않았습니다. 그럼에도 불구하고 병원에 책임을 묻지 않겠다는 각서를 쓰고 교회에 갔습니다. 교회에 도착하여 예배 자리에 앉자, 주체할 수 없을 만큼 눈물이 흘렀습니다.

설교 때는 물론 축도 때까지도 계속해서 은혜의 눈물로 예배를 드렸습니다. 그때 저는 하나님께 서원했습니다. 이제부터는 삶이 예배이고, 예배가 삶인 인생을 살겠다고, 목숨 걸고 예배드리겠다고, 하나님 앞에 진정한 은혜와 회개와 눈물이 있는 감격의 예배를 드리겠다고 말입니다.

저는 그때부터 지금까지 주일 오전 예배 때마다 눈물을 흘립니다. 하나님은 어김없이 예배의 회복을 주셨고, 감격의 예배를 드릴 수 있도록 성령 충만하게 해주셨습니다. 저는 아픔을 통해 하나님의 거룩한 예배를 회복하는 축복과 은혜를 누렸습니다. 그래서 언제나 가족이 함께 은혜로운 예배를 드리는 것이 무엇보다 행복합니다. 행복한 마음을 가지려면 먼저 가족이 함께 주님께 행복한 예배를 드리시기 바랍니다.

"여호와를 자기 하나님으로 삼은 나라 곧 하나님의 기업으로 선택된 백성은 복이 있도다"(시 33:12).

08

말씀대로 사는 것이
행복

말씀은 행복을 위해 준비된 하늘 양식이요
행복한 나무를 자라게 하는
거름입니다.

말씀은 하나님이십니다. 하나님은 행복 그 자체이십니다. 행복의 근원이요, 행복의 원천이십니다. 그러므로 우리를 행복하게 창조하시고 사랑하시므로 우리가 행복하게 살기를 원하십니다. 또한 말씀은 인생의 기초요, 사용설명서요, 설계도요, 마스터키입니다. 하나님은 행복한 말씀입니다. 우리가 주님과 멀어지기 전에 먼저 말씀과 멀어집니다. 행복하려면 먼저 말씀이 회복되어야 합니다. 말씀이 회복되면 하나님과의 행복한 관계도 회복됩니다. 행복하고 싶다면 하나님께 돌아오면 됩니다. 어떻게 돌아갑니까?

죄로부터 자유로우면 됩니다. 죄를 떠나면 하나님께로 갑니다. 죄를 떠나는 것은 말씀을 따라가는 것입니다. "허물의 사함을 받고 자신의 죄가 가려진 자는 복이 있도다"(시 32:1)라는 말씀이 있습니다. 말씀을 따라가면 말씀이 가득하게 됩니다. 말씀이 가슴에 가득하면 행복해집니다. 말씀이 들리면 믿음이 생기고, 믿음이 생기면 지혜로운 사람이 됩니다. 성경 말씀은 하늘의 지혜요 주님의 지혜입니다. 지혜가 있으면 여유가 있고 행복한 마음이 됩니다.

지혜는 하늘의 속성입니다. 지혜는 사실 인간의 것이 아니라 하나님의 영역입니다. 여호와를 경외하는 것이 지식과 지혜의 근본입니다. 지식과 지혜는 하나님께서 우리를 위해 주신 선물이요, 은혜입니다. 욕심으로 잔머리를 쓰며 살아가지 않게 합니다. 말씀은 지혜입니다. 지혜로우면 현명해지고, 현명하면 삶에서 바른 판단을 하기에 자연스럽게 행복을 선택합니다. 지혜가 충만하면 내면을 다스리는 사람이 되고, 내면을 다스리면 고요한 중에도 주님의 음성을 듣습니다. 주님의 음성을 들으면 인생을 신뢰하는 법을 체득합니다. 주님을 신뢰하고 인생을 배우면 지혜롭고 행복한 사람이 됩니다. 그러므로 말씀대로 사는 것이 행복하게 사는 길입니다.

저는 매일 말씀으로 여는 새벽과 아침이 행복합니다. 말씀은 영감이기에 교훈과 책망과 바르게 함과 의로 교육하여 유익합니다. 그래서 우리를 온전하게 하고 모든 선한 일을 준비하게 합니다. 그러므로 생활 속에 이 말씀이 살아 있으면 어떤 고난과 고통도 말씀으로 잘 이겨 낼 수 있습니다. 고난과 고통을 잘 이겨 내면, 포기하지 않고 끝까지 달려가면, 인생은 자연스레 행복해집니다. 인생의 끝이 시작보다 더 행복해지는 것입니다. 목적지에 도달하면 행복은 거저 받는 하늘의 축복입니다. 그래서 말씀을 담는 묵상을 통해 저는 행복한 아침을 맞이합니다.

우리가 절망에 빠져 있더라도 그보다 크신 하나님께서는 말씀으로 우리가 승리하길 원하십니다. 말씀으로 새롭게 변화되길 원하십니다. 하나님은 말씀으로 우리를 끝없이, 끝까지 사랑하십니다. 하나님은 말씀으로 우리 인생의 놀라운 계획을 가지고 계십니다.

명상은 비워 낸다고 하지만 명상 후에도 계속 내 자아가 살아 있고 여전히 내가 중심인 경우가 많습니다. 그러나 묵상은 다릅니다. 그리스도인의 묵상은 나를 비우고 성령 하나님을 채우는 것입니다. 말씀을 채우면 우리의 마음에는 행복과 은혜가 넘칩니다. 말씀은 생명이기에 말씀을 채우는 것은 생명을 채우는 것입니다. 하나님의 말씀이기에 말씀을 채우는 것은 곧 하나님을 마음속에 채우는 것입니다. 지혜로운 말씀을 채우면 지혜롭게 되고, 말씀의 운동력으로 새롭게 됩니다. 그저 채우기만 하면 되는 것이 아니라 주객이 바뀌도록 채워야 합니다. 주님께서 주체가 되시고 내가 객체가 되는 것입니다. 그러면 내 자아가 사라지고 주님만 드러납니다.

"이제는 내가 사는 것이 아니요 오직 내 안에 그리스도께서 사시는 것이라"(갈 2:20).

주님의 행복이 곧 나의 행복이 됩니다. 그리스도인은 주님께서 다스리도록 나를 맡기고, 주님께 순종하고 낮아지는 사람입니다. 그럴 때 나의 모든 것이 주님의 은혜와 영광으로, 주님의 기쁨으로 채워지는 행복함이 있습니다.

나를 만나는 사람들도 기쁨으로 충만케 되는 행복이 있습니다.

하나님께서는 나를 통해 어느 누구와도 좋은 관계를 만들기를 바라십니다. 우리에게 화평이 임하면 끝없이 참아 주고 기다려 주는 오래 참음의 행복이 열립니다. 친절한 마음과 행동을 통해 삶의 현장에서 행복한 마음이 나를 다스립니다. 어떻게든 바르게 살아 보고자 하는 착함, 즉 양선이 나를 돕습니다. 변치 않는 충성이 나의 모습이 됩니다.

부드러운 모습이 내 자아 속에 자연스런 온유로 나타납니다. 매사에 자신을 관리하는 절제의 영성이 드러나는 것입니다. 주님께서는 내가 이러한 사실을 느끼기도 전에 자연스럽게 나를 지배하며 다스리십니다. 이게 바로 행복한 묵상의 진정한 단계입니다.

이스라엘 민족은 자녀들을 양육할 때 지혜서를 외우게 한답니다. 유대인들의 지혜서란 욥기, 시편, 잠언, 전도서, 아가서입니다. 지혜서가 이와 같은 순서로 되어 있다는 것이 참 은혜롭습니다. 욥기서 42장 전체의 주제는 '인생은 우리가 잘 살아 보려고 해도 온갖 고난입니다'이고, 시편 150편 전체의 주제는 '이러한 고난 가운데서도 하나님을 찬양하며 의지합니다'이며, 잠언 31장 전체의 주제는 '하나님과 함께 있으니 인생의 온갖 지혜가 생기게 되었습니다'입니다. 전도서 12장 전체의 주제는 '이러한 지혜로 인생을 보니 인생은 헛되고 헛되고 또한 헛된 것임을 고백합니다'이며, 아가서 8장 전체의 주제는 '그러니 헛된 인생 하나님과 함께 사랑의 동산 천국으로 갑시다'입니다. 이렇게 연결하여 생각해 보니 좋은 교훈의 말씀이 되었습니다.

말씀을 묵상하며 천국을 그리워하는(miss) 생활이 되길 바랍니다. 동시에 세상을 잃어버리고 놓아 버리는(miss) 생활이 되길 바랍니다. 우리가 진정 그리워할 것이 있으면 진정 버릴 것도 있어야 합니다. 그래서 '그리워한다'는 'miss'의 의미에 또 다른 의미인 '놓쳐 버리고 잡지 못한다'는 의미가 있나 봅니다. 우리에게 있어야 할 것은 있고, 없어야 할 것은 놓아 버리는 지혜로운 삶을 살기를 기원합니다.

기도하는 마음
행복한 마음

기도는 행복을 위한 거룩한 호흡입니다.
행복한 사람은 자신만의 숨 쉴 공간이 필요합니다.

이 시대는 경제가 지배한다고 합니다. 또한 희망이 상실된 절망의 시대요, 인간성이 말살된 상실의 시대요, 절대 가치를 부정하는 혼돈의 시대요, 배워야 산다고 강조하는 배움의 시대라고도 합니다. 그래서 저도 몇 해 전에 경제를 알아야겠다고 생각해서 국회의원, 장관, 기관장, 유명회사 CEO, 단체장 등 우리나라의 고위직에 있는 사람들이 경제 강의를 듣고 배우는 서울대학교 세계경제 최고전략과정인 ASP과정을 수료했습니다. 경제와 세상을 다른 각도에서 조명하고 배우는 좋은 기회였습니다. 그리고 덤으로 나를 돌아보는 시간이기도 했습니다. 우리 사회에서 존경받고 성공한 좋은 분들을 만나 은혜를 나누고 함께 강의도 들었습니다. 6개월 과정이 참 감사했습니다. 경제 지식과 식견이 넓어지고 좋은 사귐이 있었습니다.

ASP 동기생들이 신년 정기모임을 가졌습니다. 늘 보고 싶은 얼굴들이지만 환우 진료와 집회로 바빠서 그동안 모임에 참석하지 못해 미안했습니다. 같이 수업 듣고 은혜 나누었던 시간이 기쁨의 추억으로 남아 있습니다. 17명의 동기들이 음식점에 모여 근황을 물으며 서로 대화를 나누다가 음식이 나오자 갑자기 한 동문이 "이병욱 박사님의 축복기도를 받읍시다. 비록 종교는 다르지만 새해도 되었으니 이 장로의 축복기도를 요청합니다" 하며 저에게 기도를 하라고 했습니다. 너무 감사하기도 하고 당황스럽기도 했습니다. 어려운 자리일 뿐만 아니라 각자 종교도 다르고 저보다 연세가 많으신 어른들인데다 각자 자신의 분야에서 훌륭한 기관장들이고 성실한 리더들인데 제가 감히 나서자니 망설여졌습니다. 그러다 용기를 내었습니다. 이전에 강의를 듣는 동안 몇 분을 전도했지만, 이 자리가 주님께서 주신 기회라 생각하고 모든 동문을 축복하며 기도드렸습니다.

"하나님 감사합니다. 저희 동문들이 모두 예수님 잘 믿고 하늘 복누리며 축복의 통로로 살게 하옵소서. 각자의 일터에서 좋은 리더가 되고 피스메이커가 되고 자녀들이 복 받게 하옵소서. 늘 건강하고 하나님의 사랑으로 이 사회, 이 나라를 잘 섬기게 하옵소서. 서로 격려하고 축복하며 서로에게 도전을 주는 깨끗한 삶을 살게 하옵소서. 여기에 있는 동문들을 통해 한국이 복 받게 하옵소서. 동문들의 가문이, 후대들이 잘되는 축복을 허락하소서. … 예수님의 이름으로 기도하옵나이다. 아멘."

몇몇 사람이 큰 소리로 "아멘" 하였습니다. 하나님께 감사와 영광을 올렸습니다. 같이 기도하는 성숙한 ASP 동문들이 참 감사했습니다. 다른 종교를 가진 사람들이 모인 자리에서 주님께 기도할 수 있는 축복과 은혜를 입어 집으로 돌아오는 내내 행복했습니다. 우리가 기도하면 주님을 바라고 행복한 마음이 될 수 있습니다.

기도하면 마음이 정화됩니다. 기도는 우리 영이 주님과 호흡하는 것입니다. 신선한 공기가 가슴에 들어오듯이 우리 영이 새롭게 됩니다. 그러니 덤으로 행복해지는 것입니다.

3주간 미국 집회에 다녀오느라 집을 비웠더니 꽃이 시들어 버렸습니다. 축 늘어져 시든 모습이 안타까웠습니다. 아내는 버려야겠다고 했지만 꼭 살아날 것 같은 믿음이 있었습니다. 그래서 밤새 간절히 기도하며 정성으로 물을 주었습니다. 다음날 아침 햇살을 받으며 살아난 꽃을 보며 감사했습니다. 신실하신 우리 주님께서 기도 가운데 생명을 살려 주셨습니다.

또한 3주간 돌보지 못했는데도 환우들이 주님의 은혜로 건강을 지켜 가고 있었습니다. 4기 암이었던 환우는 CT를 찍은 결과 암이 다 없어졌다고 했습니다. 매주 만나서 간절히 기도한 것이 응답되었습니다. 주님께서 지금까지 저희 병원 환우들의 건강을 돌보시고 회복시켜 주셨습니다. 참 감사합니다. 기도에 응답이 오면 기쁨과 행복과 감격이 넘칩니다.

예수님께 믿음으로 간절히 기도할 때 생명이 살아나는 기적이 일어납니다. 기도하는 마음은 곧 행복한 마음입니다. 행복의 원천이신 하나님을 가까이하기 때문입니다. 누구든지 그리스도 안에 있으면 새로운 피조물이라 이전 것은 지나가고 새것이 되는 것입니다. 우리가 기도하면 주님께서 우리 마음으로 들어오십니다. 주님께서 우리 마음에 들어오시면 새 사람으로 바뀌게 됩니다. 새 사람으로 변화되면 과거의 불행은 떠나고 행복이 따라옵니다.

10

통합의 시대를
살아가는 방법

보다 나은 21세기로 나아가려면 먼저 진정한 하늘 가치와 비전을 품은 행복한 마음을 지녀야 합니다.

소수의 과학자들은 자연을 통해 배우고 느끼며, 자연이 주는 통찰력으로 자신의 연구 분야의 아이디어를 도출하고 연구합니다. 파리가 빠르게 급선회하는 모습을 보고 전투기의 곡예비행 기능을 연구하고, 도마뱀의 끈끈이주걱 발 구조를 모방해서 끈적이 로봇과 스파이 로봇을 만들어 방위산업에 접목시키려 합니다.

자연에서 유용한 의약품들도 나왔습니다. 곰팡이로 페니실린을 만들어 세균으로부터 인류를 구했습니다. 양귀비에서 모르핀을 추출해 통증으로 고통받는 환우들에게 도움을 주고 있습니다. 주목나무에서 항암제 '탁솔'이 만들어졌습니다. 이렇게 학문 영역도 자연에서 아이디어를 얻어 이를 응용합니다.

하나님의 마음을 우리 인류가 적용한다면 놀라운 결과가 나타날 것입니다. 경영학에서는 '예수님이 이 세상에서 가장 뛰어난 CEO'라고 합니다. 하나님의 세계와 마음과 원리를 우리의 생활 저변에 접목시킬 수 있다면 놀라운 21세기가 새롭게 열릴 것입니다.

모든 것을 나누고 쪼개고 분석하던 20세기 학문의 시대는 저물고 있습니다. 우리는 통합과 통전과 통섭의 시대를 맞고 있습니다. 모든 아이디어와 학문을 결합시켜야 더 강하고 더 유용하고 더 가치 있는 것이 만들어집니다. 학문 영역뿐만 아니라 정치, 사회, 경제, 기업, 대학 등 모든 영역에서 이러한 시도는 계속될 것입니다.

암 환우를 위해서 오늘도 많은 의학자가 끊임없이 연구합니다. 암 발생을 연구하고 암이 생기는 원인을 규명하기 위해 밤잠을 설치고 사투를 벌입니다. 분자생물학, 세포학, 조직학, 발생학, 종양학, 해부 생리학, 생화학, 약물학, 면역학, 생리학, 의공학 등 각 분야에서 세밀하게 연구되고 있습니다. 한방은 한방대로 연구합니다.

저는 10여 년 전부터 꾸준히 학문의 통합, 융합, 퓨전과 수렴을 주장해 왔습니다. 또한 스트레스와 신경정신적인 문제를 앓고 있는 암 환우를 위해 암 치료에 정신과 영역을 포함시켜야 한다고 주장하고 있습니다. 그래야 좀 더 완벽한 치료가 되기 때문입니다. 관계 회복을 위한 모든 요법과 웃음치료, 울음치료, 생활요법, 심신요법, 가족치료, 운동, 경건, 신앙요법 등의 필요를 언급했을 때 누구 하나 귀담아 듣는 사람이 없었습니다.

그러나 이제는 이러한 치료가 필수적인 통합의료 시대를 맞고 있습니다. 그 증거가 환우들의 치료 사례를 통해 나타나고 있습니다. 주님의 생각으로 겸손하게 나아간다면 놀라운 일들이 일어날 것입니다. 보다 나은 21세기로 나아가기 위해서는 먼저 진정한 하늘 가치와 비전을 가지는 행복한 마음이 필요합니다.

하나님으로부터 지혜를 배우고, 하나님의 마음으로 인간을 섬기며, 하나님의 마음으로 서로 사랑하며, 하나님의 생각을 닮아 가며,

하나님의 모습을 모든 삶의 영역에서 재현해 나간다면 아름다운 미래가 행복하게 열릴 것입니다.

필리핀 의료사역을 마치고 돌아올 때마다 절로 기도가 나옵니다. 건강과 약품을 주시고, 무엇보다 진정한 하늘 가치와 비전을 가진 많은 헌신자를 붙여 주시고, 건강하게 돌아오게 해주신 것이 너무도 감사하기 때문입니다. 지나온 여정은 복음 안에서 순간마다 우리를 은혜의 보좌로 인도하신 하나님의 손길이었습니다. 세밀하게 지켜 주시고 안전하게 보호해 주신 주님의 사랑이었습니다.

부족하지만 우리 선교팀과 현지 성도님들은 모두 한마음으로 하나님을 섬겼습니다. 부족한 수면과 맨 땅에서 새우잠을 자야 하는 것도 마다하지 않고, 굶어 가며 이동하고 예배드리며 진료했습니다. 밀려드는 환우를 한 명이라도 더 진료하기 위해 화장실 가는 시간도 줄이며 약을 지었습니다. 그럼에도 누구 하나 불평 없이 무더위 속에서 하나님을 섬겼습니다. 위험을 무릅쓰고 사랑을 전하기 위해 묵묵히 자신의 사역과 자리를 지켜 내는 아름다운 대원들에게 참으로 감사했습니다.

저는 모든 환우들을 위해 두 손을 꼭 잡고 일일이 기도드렸습니다. 그것은 오직 십자가의 사랑과 예수님의 복음 때문이었습니다. 언어와 삶의 방식과 피부색과 처지는 달랐지만, 복음의 능력 안에서 우리 모두는 같이 지내며 함께 섬겼습니다. 같이 예배드리며, 같이 먹고 마시며, 같은 마음으로 섬기면서 주님의 사랑으로 하나가 되었습니다.

필리핀 라굼에는 매년 제게 말을 태워 주시는 찰리 집사님이 계십니다. 저는 말 등에 타고 그는 걷지만 제가 말 등에서 중심을 잃고 넘어질세라 늘 제 가방을 대신 멥니다. 한번은 제가 가방을 메고 말을 탔는데 얼마나 팔이 아팠는지 모릅니다. 지금까지 묵묵히 섬겨 준 찰리 집사님에게 감사를 표하니 "우리는 늘 이렇게 사니 익숙해져서 괜찮습니다"라고 대답합니다. 귀한 복음 안에서 나눈 사랑이었습니다.

그와 라굼 강가에서 헤어질 때 다시 1년 뒤를 기약하며 서로를 꼭 안았습니다. 그리고 진심으로 축복해 주었습니다. 서로 언어가 통하지는 않지만 진정한 하늘 가치와 비전을 나누어 가졌기에 복음 안에서 우리는 충분히 마음이 통했습니다. 무엇 하나 넉넉하지 않은 환경에서도 맑고 밝은 신앙을 유지하는 현지 성도들의 순전한 믿음과 복음의 능력에 사역하는 내내 깊이 감동했고 다시금 도전을 받곤 했습니다. 늘 더 가지려고 안달하는 우리의 신앙이 부끄러웠습니다. 박자 감각은 떨어지고 고장난 풍금에 맞춘 찬양이었지만 복음 안에서 온 힘을 다해 찬송하고 새벽기도하는 모습에 도전을 받았습니다.

주님께 영광을 돌리기 위해 하나 되는 아름다움에 감격했습니다. 서로의 다름을 존중할 수 있음에 감사했습니다. 오늘도 삶의 현장 속에서 진정한 하늘 가치와 비전을 가지고 사는 이들이 많기에 우리는 행복할 수 있습니다.

11

마음에 부흥이 임하는 것

우리 마음이 더 깨끗해져서
감격과 기쁨이 넘치면
부흥은 자연스럽게 임할 것입니다.

새해 인사로 대개 "새해 복 많이 받으세요"라고 합니다. 하나님께서는 사실 복을 넘치도록 주셨고 지금도 주시는 분입니다. 하늘 복은 우리가 복을 많이 받으라고 말한다고 해서 받고 안 받고 하는 문제가 아닙니다.

하나님께서 주실 복을 받으려면 먼저 우리의 복 받을 그릇을 크게 넓혀야 합니다. 우리의 그릇에 죄성의 구멍이 나 있지 않아야 참된 복을 받고 누릴 수 있다고 생각합니다. 우리가 죄를 짓지 않고 넉넉한 마음으로 주님을 섬기면 주님께서는 우리에게 임하시고 복을 주십니다. 그렇다고 새해 인사로 "복을 받으려면 죄를 짓지 마세요" 혹은 "마음의 그릇을 넓히세요"라고 말하기는 어렵습니다. 순수하게 복을 받아들이며 인사하는 자세는 참 고맙고 감사합니다. 또한 이러한 의미로 받아들이는 마음의 자세도 필요합니다.

'부흥'도 마찬가지라고 생각합니다. '동방의 예루살렘'이라고 불리던 평양에서 부흥운동이 일어난 지 100년이 되던 해인 2007년에는 부흥에 대해 더 많이 이야기했고 기대했습니다. 그러나 부흥은 하나님 손에 진실 되게 붙잡힌 한두 사람의 철저한 회개와 우상의 철폐에서 시작되는 것인데도 오히려 교계 일각에서는 부흥을 이벤트로 치부하고 사람들을 모아서 행사를 진행하곤 했습니다. 자연스러운 성령의 역사를 인위적으로 이끄는 듯한 인상마저 받았습니다.

그러나 부흥은 우리가 짜내고 허공에 외친다고 일어나는 것이 아닙니다.

부흥은 느헤미야와 에스라 시대처럼 두렵고 떨리는 마음으로 하나님 말씀을 선포하고 모두 한 마음으로 회개하고 기도하는 가운데 일어날 것입니다. 참된 예배가 이 땅을 뒤덮고 예배가 살아 움직일 때 부흥이 올 것입니다. 그러면 주님 안에서의 기쁨과 감사와 감격과 위로와 평화가 이 세상에 선포되고, 주님 안에서의 번영과 풍요의 축복이 올 것입니다.

누구를 위한 부흥이며 무엇을 위한 부흥입니까? 우리는 왜 부흥에 이렇게 매달립니까? 지금 심각하리만큼 많은 문제와 죄성이 이 땅을 뒤덮었기에, 절망의 신음 소리가 온 땅에 울리기에, 부흥이 필요한 것 아닙니까? 하나님의 구원만이 살 길이기에 그분의 도우심을 구하며 부흥이 오기를 소원하는 것 아닙니까?

우리가 복 받는 길은 오로지 하나님의 은혜와 능력 안에서 살고, 신앙의 본질과 목적을 주님 안에서 회복하는 데 있습니다. "주여 제가 어떻게 하길 원하나이까? 무엇을 준비하길 원하나이까?" 하며 겸손하게 주님께 묻고 각자 삶의 현장을 성령 충만함으로 지킬 때 우리의 부흥이 아니라, 주님의 부흥이 임할 것입니다.

먼저 우리 자신이, 우리 가정이, 우리 소그룹이, 우리 교회가 부흥할 때 이 나라 이 땅에 부흥이 임할 것입니다. 그리스도인들이 순전한 마음으로 부흥을 절실히 기다리며 진정한 회개의 역사가 넘칠 때 부흥이 올 것입니다. 우리 마음이 더 깨끗해져서 감격과 기쁨이 넘치면 부흥은 자연스럽게 임할 것입니다.

하늘 복이 우리 모두에게 임해 이 땅이 부흥되길 기대합니다. 마음에 부흥이 임하는 그때에는 모든 것이 참 행복해질 것입니다.

12

다음 세대를
준비하는 마음

우리 모두는 행복할 사명을 받고 태어났고,
다음 세대를 행복하게 열어 줄 책임을 가지고 있습니다.

두 아들을 불러서 새해 권면을 했습니다.

사랑하는 아들 창엽아, 성엽아!

아빠가 아파서 너희들이 방학을 했는데도 여행도 못 가고 미안하다. 아빠가 사경을 헤매면서 너희들에게 들려주고 싶었던 이야기를 하고자 한다. 지금까지 아빠와 엄마로 인해 너희들에게 상처로 남아 있는 기억이 있다면 다 용서해 다오. 이 아빠가 부족해서 너희들에게 준 잘못이다.

이 부족한 아빠가 너희 곁에 없어도 너희들은 이 세상을 잘 살아갈 수 있다. 하나님께서 너희들을 사랑하시기 때문이란다. 너희들은 하나님의 사람이다. 먼저 하나님을 경외하는 기도하는 사람이 되거라. 아빠도 참 공부를 못했다. 그러나 하나님께 매달리고 의사가 되기를 소원하니 주님께서 허락해 주셨다. 너희들이 기도하며 살아가면 하나님께서 여호수아에게 그가 밟는 땅을 허락하셨듯이 다 주실 것이다. 지혜도 꼭 주실 것이다.

강하고 담대하거라. 하나님 한 분만 두려워하고 세상은 두려워하지 말라. 사람들에게 온유하고 겸손하거라. 늘 깨어 기도하고 정직하게 코람데오 정신으로 살면 이 세상에 두려울 것이 없다. 그러므로 늘 하나님 중심으로 살아라. 그게 행복한 길이요 승리하는 길이다.

새해에는 매일 말씀 두 절을 암송하고 영어로도 꼭 암송하여라. 예배에 최선을 다해라. 맨 앞자리에 앉아서 예배드리고, 목사님 말씀은 하나님께서 주신 말씀이니 말씀을 꼭 실천하거라. 하나님의 비전과 소명을 받아라. 내가 왜 공부해야 하는지를 깨닫기 바란다. 시간을 철저하게 사용하고 하는 일에 집중하거라. 선생님들을 존경하고 친구들을 경쟁 상대로 생각하지 말고 칭찬하고 사랑하거라. 도움을 청하는 사람들에게 풍성하게 나누어 줄 수 있는 사람이 되거라.

엄마 아빠가 병실에서 가끔씩 TV를 보았는데 소음 때문에 너무 힘들었다. 이제 앞으로는 TV를 볼 수 없을 것 같다. 우리 가정에서 텔레비전을 보지 않듯이 좋은 습관을 길러라. 십일조를 철저히 드려라. 잠자리에 들기 전 주님께 감사드리고 반성하고 지은 죄를 회개하거라.

평소에 체력 관리를 잘하거라. 배우다가 그만둔 태권도와 악기를 계속 배우거라. 성경과 책을 가까이하거라. 일주일에 한 번씩 꼭 큰 서점에 가서 책을 사거라. 아빠가 부족하여 못 들려준 많은 이야기를 훌륭한 분들이 책으로 너희들에게 들려줄 것이다.

사랑하는 창엽아, 성엽아!

너희들은 하나님의 사람이요 아빠의 아들이다. 너희들을 진심으로 사랑한다. 새해에도 늘 형통하고 건강하거라. 너희 모든 가문의 권속들을 수천 대 수천만 대 축복한단다. 아빠는 너희들이 늘 같이 있어 행복하단다.

이렇게 이야기하는데 얼마나 눈물이 나던지, 참 행복했습니다. 우

리 모두가 행복한 눈물을 흘렸으면 좋겠습니다. 우리 삼부자는 서로 안고 새해 첫날부터 엉엉 울었습니다. 새해에 감격과 기쁨의 눈물을 주신 하나님께 감사드립니다. 삶 속에서 믿음으로 다음 세대를 준비하는 사랑, 그것이 바로 행복입니다.

학교폭력, 왕따, 입시 위주 교육, 청소년 흡연 등 이 나라의 공교육이 무너진 것은 어제오늘의 문제가 아닙니다. 공교육이 등급이다, 일류대다, 수능이다, 점수다 하면서 대학진학 입시 위주의 교육으로 변질된 지는 꽤 오래되었습니다. 이 나라의 교육 문제를 어디서부터 풀어야 할지, 아무도 해법을 내놓을 수 없는 지경에 이르렀습니다. 누가 우리 아이들을 소망을 잃어버린 채 방황하는 불쌍한 아이들로 만들었습니까? 학생들이 미래를 포기하고 자살하는 이 나라의 교육, 누가 이렇게 만들었습니까?

대학은 어떻게 해서든지 경쟁에서 살아남아야 한다며 총장을 CEO형으로 뽑고 돈을 잘 모으는 총장이 최고의 지성인 양 탁월한 인물로 대접합니다. 젊은 꿈나무들에게 희망과 비전을 주지 못하는 것은 우리 모두의 잘못입니다. 누구의 잘잘못을 따지기 전에 모두 자신의 잘못으로 여기며 진심으로 반성해야 할 것입니다. 이 나라의 교육이 살아나 젊은이들에게 소망이 되는 교육으로 개선되기를 소망합니다.

우리의 인재들이 세계를 향해 나아가고, 국제사회의 리더로서 세계를 이끌어야 하지 않겠습니까? 그래서 지금은 세계와 경쟁하는 교육이 필요합니다. 이런 까닭에 많은 부모가 조기 영어교육을 시키고 일찌감치 조기유학을 보냅니다. 우리 아이들이 어릴 때부터 부모를 떠나서 외국생활을 해야 하고 기러기 아빠가 생겨 나고 서글픈 상황이 속출합니다. 외화 낭비도 어마어마합니다.

이 문제를 푸는 길은 초등학교 때부터 부분적이기는 하지만 인도나 싱가포르, 홍콩처럼 학교에서 영어로 교육을 하는 것입니다. 당장에 필요한 교사 인력은 이민자 자녀 중에 한국에서 살기를 희망하거나 사명을 가지고 다음 세대 교육에 헌신하겠다는 지원자를 채용하면 됩니다. 자원과 재원을 국가적인 측면에서 찾고 모집하여 3,000~5,000명의 인력을 조달하는 것입니다. 이 나라 영어교육의 잘못된 점만 고쳐도 상당 부분 교육이 제자리를 잡을 수 있습니다.

그리고 학문의 연계성과 종합화하는 능력을 키워 나가야 합니다. 경제적인 측면을 고려하여 실용을 유지하되 인문사회 분야와 기초 분야의 저변 확대와 탄탄한 연구가 이루어지지 않으면 우리나라가 선진국으로 진입할 수는 있어도 곧 힘들어질 것입니다. 예전에 코스타 강의를 위해 상해에 가보니 고층 건물이 즐비하고 여느 선진국 못지않았습니다. 하지만 어쩐지 뭔가 부족하고 어색해 보였습니다.

즉 하드웨어는 비슷하게 갖추었으나 소프트웨어는 아직 선진국 수준에 미치지 못한 느낌이었습니다.

우리 조국의 미래도 중요하지만 이 세계 가운데 하나님께서 세계와 미래를 위해 우리나라에서 배출하여 사용하실 인재들을 하나님의 마음으로 하나님의 관점과 사랑으로 잘 준비시켜야 합니다. 그래야 우리 자녀들과 다음 세대가 건강하고 행복하게 세계를 섬길 것입니다.

최근 세계는 한류 열풍이 한창입니다. 뉴스마다 우리의 마음을 뿌듯하게 하고 우리의 출근 발걸음을 더욱 가볍게 합니다. 몇 해 전 호주 멜버른 로드 레이버 아레나 경기장에서 열린 제12회 세계수영선수권대회에서 우리의 자랑스러운 젊은이 박태환 선수가 남자 자유형 400m 결승전에서 세계적인 선수들을 제치고 막판 50m를 남기고 4위에서 대역전극을 펼치며 1위를 했습니다. 한국 수영 사상 첫 세계 제패라고 합니다. 참 장합니다.

2007년 3월 세계피겨선수권대회에서 허리 부상에도 거의 완벽한 연기력으로 김연아 선수가 금메달을 거머쥐었습니다. 세계피겨쇼트 프로그램에서 역대 최고 점수인 71.95점을 얻어 세계가 놀랐습니다. 우리나라 스포츠의 불모지인 수영과 피겨 종목에서 성과를 일구어 낸 참 기쁜 소식입니다. 그리스 아테네에서 열린 마리아칼라스 국제콩쿠르에서는 1위 없이 한국의 청년들이 2~4위까지 다 휩쓸었습니다. 또한 몇 년 전에 세계 최고의 전통과 권위를 가진 스위스 로잔 국제발레콩쿠르에서는 박세은 자매가 1위를 차지했습니다.

현재 우리나라는 기성세대의 무능한 리더십 탓에 청년실업의 고통을 겪고 있습니다. 이러한 답답한 정치에 비하면 확실히 시원한 우리의 청년들입니다. 정상에 오른 한국의 영파워들은 21세기에 맞는 글로벌 리더의 역량을 갖추고 있습니다. 한국인 특유의 강인한 정신력, 자신감과 열정, 실전처럼 계속되는 연습, 환경에 잘 적응하는 붙임성과 빠른 머리회전, 웬만한 의사소통이 가능한 어학 실력과 투지, 당당함, 부모님들의 자녀 사랑에 의한 투지와 포기하지 않는 끈기 등이 우리의 경쟁력입니다.

우리 정치와 기성세대도 분발하길 기도하고 기대합니다. 우리의 마음을 시원하게 해주는 젊은이들에게 희망과 소망이 되는 기성세대가 되길 기대합니다. 삶 속에서 믿음으로 다음 세대를 준비하는 마음이 되길 기대합니다. 이렇게 되면 행복한 대한민국이 될 것입니다.

13

주님 〉나 〉일 〉돈

바른 가치관은
바른 행복을 가져다 줍니다.

성경에 부자 청년이 나옵니다. 그 청년은 예수님께 "어떻게 하면 내가 영생을 얻을 수 있겠습니까?" 하고 질문합니다. 예수님은 계명에서 요구하는 것을 말씀합니다. 그 청년은 어려서부터 다 지켰다고 대답합니다. 그러나 예수님은 "너에게 한 가지 부족한 것이 있다. 네가 가진 것을 다 팔아 가난한 사람들에게 나누어 주어라. 그렇게 하면 하늘 보화가 너에게 있을 것이다. 그렇게 한 후에 나를 따르라"고 말씀하셨습니다. 그러자 부자 청년은 근심하며 떠났다고 합니다. 사람들은 자신에게 닥친 문제를 고상하게 포장할 때가 많습니다. 이 부자 청년의 관심도 영생이 아니라 돈과 물질에 있었던 것입니다.

이 부자 청년의 문제를 몇 가지 살펴보면 다음과 같습니다.

첫째, 예수님을 앞에 두고도 알아보지 못하고 떠났다는 것입니다. 예수님은 하나님이십니다. 어떤 경우라도 예수님 곁에 붙어 있으면 역사가 일어납니다. "주님, 지금은 아니지만 조금만 기다려 주세요. 해볼게요" 하며 예수님께 붙어 있어야 행복할 수 있습니다.

둘째, 순수하지 않다는 것입니다. 청년이 예수님 앞에 왜 나왔는지를 생각해 보면 진실로 하나님을 믿기 위해서가 아니라 인정을 받으려는 생각으로 나온 것입니다. 하나님을 시험한 것입니다. 부자 청년은 순전함도 없었습니다.

셋째, 구원을 잘못 이해하고 있었습니다. 우리가 믿으면 되지 행

위로 구원받는 것이 아닙니다. 무엇을 하는가보다 어떤 사람이 되는 가가 더 중요합니다. 우리가 참그리스도인으로 서 있으면 자연히 그 리스도인답게 살게 됩니다.

넷째, 그는 돈을 사랑했습니다. 돈에서 자유로울 때 하나님도 만 나고 행복할 수 있습니다.

다섯째, 그는 겸손하지 않았습니다. 부자 청년은 하나님께서 하신 말씀에 순종하지도 않고 사모함도 없었습니다. '예수님 저를 불쌍히 여겨 주세요' 하는 마음이 없었다는 것입니다.

필리핀 의료선교를 잘 마치고 귀국했습니다. 대원 모두는 주님이 먼저요 다음이 나, 일, 돈이라고 고백한 행복한 사람들입니다. 37명 의 대원과 치과의사 3명, 이비인후과 전문의, 외과, 가정의학과 선생 님들 7명과 우리 대원들이 은혜 가운데 하나가 되어 열심히 수고했 습니다. 모두 황금 같은 휴가를 주님을 위해 사용했습니다. 모범을 보여 주신 모든 선생님들이 참 감사했습니다.

우리는 2,880여 명의 환우를 진료했습니다. 작은 천국을 맛보며 모든 영광을 오직 주님께만 돌리고 안전하게 돌아왔습니다. 주님 감 사합니다.

필리핀에서 돌아온 후 모 군대 사단에서 주일 집회 요청이 있었습니다. 군목께서 보내 주신《만선을 꿈꾸며》라는 칼럼집을 읽었습니다. 칼럼 중에 군 장병들이 제일 먹고 싶어 하는 것이 초코파이가 아니라 피자라는 내용이 있었습니다. 언젠가 장병들에게 피자를 사주는 군목이 되고 싶다는 구절도 있었습니다. 지금까지 한 번도 돈이 없어서 못했다면서요. 그 글을 읽으며 "주님, 군목님을 피자 군목으로 만들어 주세요" 하고 기도했습니다. 그 순간 피자 가게를 운영하는 이사장님이 생각났습니다. 바로 전화를 드려 전후 사정을 설명하니 100여 명 분의 피자를 주시겠다고 했습니다. 그 나머지 500명 분은 제가 감당하기로 했습니다.

여호와 이레의 우리 주님을 찬양합니다. 주님은 참 멋진 분이십니다. 우리가 주님 〉 나 〉 일 〉 돈 순으로 세상을 살아가기만 하면 주님이 나머지를 책임져 주십니다. 집회를 마치고 피자 파티를 하면서 아들과도 같은 장병들이 감사하다고 인사하는데 눈물이 났습니다. 행복한 시간이었습니다. 저는 "너희들 꼭 건강하게 부모님께 돌아가거라. 돌아갈 때 예수님 복음 들고 가거라" 하고 말했습니다.

"그런즉 너희는 먼저 그의 나라와 그의 의를 구하라 그리하면 이 모든 것을 너희에게 더하시리라"(마 6:33).

행복한 기적의 7만 원

데니 목사님과 벨레시 사모님이 쓰신 《기적의 100달러》란 책을 읽고 필리핀 의료 선교팀원들 20여 명에게 7만 원씩을 나누어 주었습니다. 책에서 소개한 내용대로 실천해 본 것입니다.

"7만 원을 가지고 마음대로 사용할 수 있지만 이 돈은 하나님의 돈임을 명심하십시오. 이 돈을 어디에 쓰든지 상관없지만 하나님의 나라를 확장시키는 일에 사용해야 합니다. 오늘부터 시작해 의료선교를 갈 때까지 그 결과를 보고하십시오."

중간에 모임이 계속되면서 모두 부담을 느꼈고, 보고를 4~5개월 늦추게 되었습니다. 그래서 6개월 만에 저희 집에 모두 모였습니다. 은혜를 나누면서 7만 원을 어디에 사용했는지 이야기하기로 했습니다.

이준한, 김임숙 집사 부부는 매일 햄버거와 콜라를 준비해서 용두산 공원에 갔다고 합니다. 집이 없어서 공원에서 배를 곯고 밤을 지새우는 분들을 섬긴 것입니다. 그리고 지금까지 몇 개월째 계속하고 있다며 이 일을 사명으로 생각하고 앞으로도 계속할 것이라고 했습니다. 주님께서 주신 은혜가 더 큼을 고백했습니다. 나영인, 장미영 집사 부부는 매달 7만 원을 적금하기로 했다고 했습니다. 1년치를 모아 우리가 현지 병원을 위해 예비하고 있는 필리핀 의대생 '사라' 학생의 생활비로 보내겠다고 했습니다. 황용미 간호사는 주일학교 고등부를 섬기는데 심방할 때 성경을 선물하며 학생들을 섬겼다고 했습니다. 미래를 위한 투자를 계속할 것이라고 했습니다. 김진옥 자매는 돈을 더 보태 안식년으로 귀국하신 중동 선교사님의 네 자녀 옷을 사 주었다고 합니다. 아이들이 기뻐하는데 자기가 더 기뻤다고 고백했습니다.

교사인 이송희 선생님은 중동 선교사님 아이들을 위해 과일과 먹을거리를 사주었다고 했습니다. 선교사님의 자녀 중 한 아이가 자기 반에서 수업하고 있는데 더 신경이 쓰인다며 먹을 것이 있으면 선교사님 가정의 아이들이 생각난다고 했습니다. 그리고 돈을 더 보태어 필리핀의

'잠폴' 가정을 섬기고 있다고 했습니다. 최바울 선생님은 선교비와 환우를 위해 사용했다고 했습니다. 문옥봉 집사님과 정숙자 집사님도 고등학교 선교를 위해 섬기며 물질을 사용할 계획을 가지고 있다고 했습니다. 선교 아웃리치를 가서 헌금을 한 김경남 간호사와 다른 분들도 7만 원으로 주님을 섬겼습니다.

우리 모두 받은 은혜를 나누며 기뻐했습니다. 그리고 이 일을 통해 우리의 물질과 시간 등 모든 것이 주님의 것이며, 작은 물질도 하나님께서 함께하시면 크게 사용됨을 경험했습니다. 적은 돈으로 큰일을 할 수 있기에 주님의 영광을 위해 물질을 사용해야 한다는 인식도 가지게 되었다고 했습니다. 또 우리 모두 신앙이 나아졌고 주님 사역을 깊이 발견하게 되었습니다.

주님께 감사드렸습니다. 또한 기쁨으로 따라 주고 섬겨 준 나의 아름다운 동역자들에게도 감사했습니다. 하나님이 주신 은사로 매일 우리 주위에 섬길 곳이 참 많은 것도 감사했습니다.

우리 호주머니 안에 잠자고 있는 기적을 주님 영광을 위해 사용하길 기도해 봅니다. 사랑의 나눔은 행복한 기적을 가져옵니다.

Part 2

마음에 프리즘을 놓아라

01
마음 다스리기
우리의 마음을
자유롭고 가볍게 할수록
인생 달리기가 한결 수월해집니다.

마이클 샌들 교수가 쓴《정의란 무엇인가》란 책이 큰 인기를 끌었습니다. 그가 말하는 '정의'는 자유와 행복입니다. 거기에 덕(德)의 개념을 더하자는 것입니다. 존 로스는 '정의'를 '위의 사람이 낮은 사람을 높여 주는 것'이라고 했습니다. 모두 일리 있는 말이지만 정확한 정의는 아닙니다.

정의는 사명을 가지고 행복하게 희생하며 바르게 사는 것입니다. 정의는 개념이기 이전에 실천의 문제요, 삶 그 자체입니다. 우리가 행복에 대한 정의를 내리는 것 또한 그렇습니다.

우리가 행복하지 않은 것은 자기애가 너무 강하기 때문입니다. 자기중심으로 이 우주가 돌아가길 바라고 그렇게 살기에 늘 불행하다고 생각합니다. 우리가 시각을 조금만 달리하고 좀 더 크게 바라본다면 얼마든지 행복할 요소와 여건을 이미 가지고 있음을 알게 됩니다. 이 세상의 중심은 내 자신이 결코 아닙니다. 주님이 중심임을 인정할 때 정의도 행복도 시작됩니다.

중국 진시황(秦始皇)의 아버지 여불위(呂不韋)는 인재를 등용하고 사람을 판단하는 나름대로의 방법을 제시했습니다. 그것이 '육험론'(六驗論)입니다. 이는 우리 사회에서도 사람의 됨됨이와 능력, 담력을 판단하는 기본 규범으로, 지금까지도 통용됩니다. 육험론은 즐거움, 기쁨, 괴로움, 두려움, 슬픔, 분노 등 인간이 쉽게 자제하기 어려운 여섯 가지 감정에 대한 반응 정도를 보고 그 사람의 됨됨이와 능력을 판단하는 것입니다.

첫째, 즐거운 분위기를 만들어 주고 그 속에 얼마나 빠져드는가.
둘째, 기쁘게 해주고 얼마만큼 기쁨을 자제하는가.
셋째, 매우 힘들고 괴로운 상황에서 얼마나 인내하며 극복하는가.
넷째, 두렵고 무서운 상황에서 얼마나 감정을 겉으로 드러내지 않는가.
다섯째, 슬픔을 얼마나 혼자서 삭이고 이겨 내려고 하는가.
여섯째, 분노 상황에서도 이를 얼마나 이겨 내는가.

한마디로 육험론은 자극에 대한 반응의 강도와 대처 능력을 시험하는 것입니다. 내적 또는 외적 자극에 대해 즉흥적이고 조급하며 인내력과 절제력에서 동물적인 반응을 하는 사람이면 소인배에 가까운 사람입니다. 자극에 대한 강한 자제력, 절제력, 담력을 가진 사람은 됨됨이가 좋고 능력도 있다고 봅니다. 과거 시대에는 물론 현대산업사회에서도 '양은 냄비에서 물 끓듯 가볍지 않고, 듬직하고 묵직한 사람'을 필요로 한다는 것은 두말할 나위도 없습니다.

시기, 질투, 두려움, 분노, 저주, 화, 미움, 욕심, 욕구, 탐욕 등으로부터 우리의 마음을 자유롭고 가볍게 할수록 인생 달리기가 훨씬 수월해집니다. 우리의 마음에 주렁주렁 매달아 놓은 자유롭지 못하게 하는 감정들을 버리고, 그 상황을 넘어선 주님의 음성을 듣고 그분으로 채울 때 행복할 수 있습니다.

행복은 마음속에 있습니다. 할 수만 있다면 은혜로운 생각을 하십시오. 부정한 생각이 부정한 상황을 만들기 때문입니다. 생각은 습관으로 구체화되며 버릇은 중독으로 고착됩니다. 천박한 생각은 음주벽과 방탕한 습관으로 나타나며, 빈곤과 질병이라는 상황을 낳습니다. 모든 종류의 불순한 생각은 무기력하고 무질서한 습관으로 나타나며, 혼란스럽고 불행한 상황을 낳습니다. 두려움, 의심, 우유부단한 생각은 유약하고 비겁하고 결단력 없는 습관으로 나타나고, 실패와 빈곤과 노예처럼 예속된 상황에 빠지게 만듭니다. 게으른 생각은 불결하고 정직하지 못한 습관으로 드러나며, 비천하고 궁핍한 상황을 낳습니다. 증오와 저주로 가득 찬 생각은 비난과 폭력을 일삼게 만들며, 상처를 입히거나 법에 쫓기게 합니다. 모든 종류의 이기적인 생각은 자기중심적인 습관이라는 형태로 나타나며, 결국은 고통스러운 상황을 낳습니다.

아름다운 생각은 따뜻한 상황을 만듭니다. 순결한 생각은 자신을 절제하고 다스리는 습관으로 나타나며, 평안하고 평화로운 상황을 만듭니다. 용기 있고, 남에게 의존하지 않고, 결단력 있는 생각은 용감하고 당당한 습관으로 나타나며, 풍요롭고 자유로우며 성공을 누리는 상황을 낳습니다. 활력이 넘치는 생각은 청결하고 부지런한 습관으로 나타나며, 쾌적하고 평화로운 상황을 끌어냅니다. 온화하고 너그러운 생각은 친절한 습관으로 나타나며, 다른 이를 보호하고 지켜 주게 만듭니다. 다정하고 남을 배려하는 생각은 남을 위해 희생하는 습관으로 나타나며, 확실하고 지속적인 부를 누리게 합니다.

생각이 목표와 결합되지 않는 한 지적인 성취는 얻을 수 없습니다. 사람은 누구나 마음속에 올바른 목표를 설정하고 그것을 이루기 위해 노력해야 합니다. 또 이러한 목표를 생각의 구심점으로 삼아야 합니다. 이 목표를 가장 우선적인 의무로 삼아 이를 달성하기 위해 노력을 아끼지 말아야 합니다. 뿐만 아니라 덧없는 망상이나 막연한 동경과 공상에 빠져 생각이 갈피를 잡지 못하게 되는 일이 생겨서는 안 됩니다. 목표를 향해 노력하는 길만이 자기를 통제하고 진정으로 생각에 집중하도록 하는 왕도입니다.

목표를 성취하기 위해 한 걸음씩 나아가는 가운데 실패를 거듭하더라도, 이는 자신의 단점을 극복할 때까지 반드시 겪어야 할 과정입니다. 실패를 통해 얻은 강인한 인격은 진정한 성공으로 가는 수단이며 힘입니다. 승리가 보장된 미래를 위한 출발점입니다. 거대한 목적을 가진 사람은 일단 아무리 하찮아 보일지라도 일상의 의무를 완벽하게 수행하는 데 생각을 집중해야 합니다. 이것이 습관이 되면 단호함과 추진력이 몸에 배게 됩니다. 그러면 이루지 못할 일이 없습니다. 어떤 형편과 상황이라도 이렇게 반응해 봅시다.

'나는 문제없어. 여기서 끝낼 수는 없잖아!'

"모든 지킬 만한 것 중에 더욱 네 마음을 지키라 생명의 근원이 이에서 남이니라"(잠 4:23).

02

행복한 하루
만들기

행복한 하루가 행복한 일생을 엽니다.
생활 속에서 먼저 행복을 만드십시오.

행복은 하루하루를 스스로 즐겁게 사는 것입니다. 고난 뒤에, 역경을 극복한 뒤에 행복이 있습니다. 지금까지 인생을 행복하게 성공시킨 모든 인물의 공통점은 삶의 고비마다 행복한 역경이 있었다는 것입니다. 어려운 환경을 바꾸는 것이 아니라 자신을 바꾸고 살았습니다. 주님께서도 그때그때 좋은 환경으로 바꾸기보다 먼저 우리를 바꾸길 원하십니다. 어려움 없는 행복의 가치는 의미가 없기 때문이다.

최선을 다하면 결과에 관계없이 행복합니다. 하루하루 충실한 고백이 바로 행복한 마음을 가져다 줍니다. 과거는 과거대로 행복하고 미래는 미래대로 행복합니다. 살아 숨쉬는 존재 가치를 발견하고 감사하면 행복합니다. 삶의 현장을 즐기십시오. 신선한 맑은 공기와 물, 포근하고 따뜻한 햇살, 상쾌하고 시원한 바람소리, '아내의 아침 식사 준비하는 소리, 아기의 울음소리, 앞마당을 쓰는 빗자루 소리, 맛있는 음식, 따뜻한 잠자리, 나를 지지해 주는 친구들, 직장 동료의 아침 인사와 미소, 그리고 악수, 저녁에 보자며 출근하는 아빠와 아들의 인사, 함께 웃는 것, 꽃향기, 풀 냄새, 풀벌레 소리, 소중한 친구와 식사하는 것 등등. 소소한 일상에서 행복을 발견하고 느끼기 바랍니다.

내 이야기를 줄이고 상대를 배려하면 행복해집니다. 실수해도 배울 수 있는 용기는 행복한 하루를 만듭니다. 경청, 관대, 위로, 축복,

칭찬, 용서, 도움, 웃음, 침묵, 변화, 열정, 예의 바름, 나눔, 동정, 긍휼 등은 행복해질 수 있는 키워드입니다.

가장 단순한 것에 가장 큰 행복이 있습니다. 가장 단순해지는 행복은 나 자신이 지금 하는 일에 기쁨으로 최선을 다하며 감사하는 것입니다. 하는 일을 만끽하고, 만족하고, 사랑하며, 내중이 없는 듯 지금 최선을 다하며 즐기십시오. 지금 가진 것으로 행복할 수 있는 것이 수준 높은 행복입니다. 물질이나 환경 등 외부에서 주어지는 조건부 행복이 아니라 내 속에 보석처럼 가득한 행복한 마음을 즐기십시오.

오늘 당신은 행복을 위해 무엇을 하고 있습니까? 행복하려면 불필요한 말, 아부, 비난, 불평, 불만, 시기, 미움, 질투, 증오, 화, 성냄, 분노, 저주 등의 말을 줄이십시오. 행복하려면 감사, 은혜, 찬송, 기쁨, 사랑, 좋습니다, 축복합니다, 멋집니다, 은혜 받았습니다, 제 탓입니다 등의 말을 늘리십시오.

자신감이 행복한 마음을 만듭니다. 자신이 기뻐야 남도 기쁘게 해줄 수 있습니다. 그리고 과거의 추억과 경험을 소중히 여기십시오. 그것이 실패한 것이고 우울한 것일지라도 지금의 나를 있게 해준 소중한 자산입니다. 과거를 통해 배울 수 있고, 지금의 자신을 발전시켜 나아갈 수 있는 당신은 분명 행복한 사람입니다.

무엇이든지 귀하고 소중하고 사랑할 만한 일에 몰입하는 행복을 누리시기 바랍니다. 직장에서, 가정에서, 사회에서 내가 꼭 필요한 존재라는 사실을 발견하시기 바랍니다. 그러면 더욱 행복한 마음으로 일할 수 있을 것입니다. 조금씩 노력하여 얻어지는 행복에 만족하십시오. 결과 중심이 아니라 과정을 즐기십시오.

행복한 마음이 되려면 나눔에 익숙한 삶을 사십시오. 성공, 승리, 실패, 기쁜 일과 슬픈 일 등 나눌 일이 많다는 것은 그만큼 행복한 일이 우리 주위에 가득하다는 것입니다.

평화는 행복을 만드는 재료입니다. 계속 자비를 베풀 수 있다면 당신은 행복한 마음을 저축해 두는 것입니다. 친한 친구에게 더욱 예의 바르게 대하십시오. 더 행복한 하루가 될 것입니다. 더 공감하고, 더 단순해지고, 더 친절하고, 더 존중하고, 더 칭찬하고, 더 인격적으로 살아야 행복해집니다. 자신의 마음을 보듬어 주십시오. 항상 소유하려 하지 말고 내 마음과 내 손을 가볍게 하십시오.

넓게 보고, 높이 보고, 깊이 보십시오. 이는 세상 소리와 소음 대신 하늘을 바라고 침묵과 묵상을 사랑하는 것입니다. 조용한 것, 고요한 것에서 하늘 음성을 듣는 고상함을 즐기십시오. 곧 행복한 마음으로 충만해질 것입니다.

행복 습관
들이기

행복은
평범한 습관에서 나옵니다.
행복이 가득한 습관을 만들어 보세요.

행복한 마음을 곱씹어 보세요. 지금의 불행이 다 벗겨질 때까지 과거에 행복했던 기억을 떠올려 보십시오. 행복한 마음을 혼자 간직하지 말고 나누어 보십시오. 전파시키세요. 행복한 마음으로 행복 전도사, 행복 전도서가 되십시오. 죄책감, 열등감, 소외감, 우울, 시기, 미움, 질투, 화, 성냄, 분노, 저주, 섭섭했던 마음 등 과거의 기억을 다 잊기 바랍니다. 과거에 얽매어 시간을 낭비하지 말기 바랍니다. 의지를 가지고 끊어 내야 합니다. 아니 하나님께서 지금의 나를 위해 먼저 행하신 것이라고 생각하십시오.

행복은 자기 변화요 자기 결단입니다. 행복을 찾아서 깊고 넓게 나누고, 베풀고, 헌신하십시오. 행복을 전해 주는 사람이 더 행복한 법입니다. 단순히 남을 기분 좋게 해주어도 행복해질 수 있습니다. 언제나 다른 사람을 행복하게 해주는 사람은 행복합니다.

우리는 너무 자주 자연스럽게 불행을 이야기합니다. 불행한 사람은 행복을 느끼지 못하고 삽니다. 그래서 행복해질 수 있는 타이밍을 놓칠 때가 많습니다. 왜 불행만 이야기합니까? 불행하기로 작정한 사람처럼 살지 마십시오. 행복은 스스로 노력하여 얻는 것입니다. 최선을 다하여 행복해지십시오. '오늘 나는 행복하고 말 거야.' 이렇게 사는 것입니다.

행복은 공감 속에서 느끼는 시간 여행입니다. 매일매일 기적과 같은 일상의 행복을 현장에서 누리기 바랍니다. 속도를 줄이고 행복한 방향성을 찾으십시오. 행복은 시간 속에서 누리고 떠나는 공감 여행입니다. 아이들을 더 많이 안아 주고 축복하고, 부부가 서로 입을 맞추어 보십시오. 부모님께 전화하고 편지 쓰고, 아내에게 자주 전화하고 예전에 쓰던 러브레터도 써보세요. 아침 출근길에 동료를 위해 갓 구운 빵을 사서 나누며, 식사를 못 하고 출근한 동료를 위로해 보세요. 예전에 우리를 가르치신 선생님의 안부를 여쭙고 찾아가서 안겨 보세요. 콧노래를 불러 보세요. 행복해질 것입니다. 일상의 작은 일에서 큰 행복을 누리시기 바랍니다. 좋은 습관은 행복을 만들지만 나쁜 습관은 불행을 초래합니다.

"주님께서 행복을 주장해 주시고 나에게도 선물로 당연히 주실 거야." 이렇게 선언하고 선포하고 찾고 찾아 습관을 들여야 합니다. 나쁜 습관을 버리고 좋은 습관으로 대체해야 합니다. 술 안 마시고 운동하기, 불평 안 하고 축복하기, 비판 안 하고 격려하기 등으로 말입니다. '원 플러스, 원 마이너스 전략'입니다.

아치발트 하트(Archibaid D. Hart) 교수는 "나쁜 습관을 버리기 위해서는 나쁜 습관과 경쟁이 되는 좋은 새로운 습관을 길러야 합니다. 좋은 습관을 위해서 강한 동기가 형성되어야 합니다. 지속적인 동기부여가 습관을 교정합니다"라고 강조합니다. 그리고 다음과 같은 규칙을 소개했습니다.

1. 다른 사람의 좋은 점을 발견하라.

2. 자신의 실수나 실패를 용납하라.

3. 양심을 맑게 하라.

4. 자신을 너무 가혹하게 다루지 마라.

5. 일상의 작은 은혜를 소중히 여기라.

6. 긍정적으로 살라.

7. 낙관적이고 낙천적이 되어라.

8. 자신을 있는 그대로 받아들여라.

9. 이 모든 것을 현실 속에서 찾아라.

10. 성령 충만하라.

일상의 삶에 가득한 경이로운 보석과 같은 행복을 발견하십시오. 하루하루 감사하면 나도 모르게 행복해집니다. 유치한 행복은 비교하는 것에서 비롯되는 데 반해, 성숙한 행복은 행복 그 자체로 만족합니다. 행복은 쾌락하고는 다릅니다. 행복은 더 나은 삶으로 행진하지만, 쾌락은 결국 중독으로 빠져 불행해지고 맙니다.

소소한 일상에 행복의 습관을 만드십시오. 미소로 반응하십시오.

미소와 웃음을 사용하고 활용하십시오. 웃지 않는 것은 은행계좌에 수백억 원을 예치하고도 사용하지 않는 것과 같습니다. 억지 미소와 웃음이라도 괜찮습니다. 더 많이 웃으십시오. 상대가 나에게 힘들게 해도 '다시는 너를 보는가 봐라' 하지 말고 그냥 웃어 주십시오. 힘든 상황에서도 바른 선택을 놓치지 마십시오. 함께하는 존재에 감사하며 웃어 보세요. 웃는 얼굴에 침 못 뱉습니다. 함께하는 것에 대한 기쁨을 드러내십시오. 그를 통해 내가 연단되고 유익한 훈련을 받고 있는 것입니다.

하나님의 계획과 예정 안에 이와 같은 일이 있음을 확신하고 반응하십시오. 이 어려운 상황에 나를 두신 것은 보다 나은 삶을 위한 하나님의 계획과 사랑이라고 반응하십시오. 하나님께서 나의 까도남(까칠하고 도도한 남자) 같은 성질과 인격과 성품과 모습을 부드럽고 온유하고 겸손하게 사포질하고 계십니다. 이런 성장통이 곧 찬양과 노래가 됩니다. 상황이 꼬여도 믿음의 사람은 웃습니다. 하나님을 바라고 절대 신뢰하며 즐깁시다.

친절한 미소가 행복한 하루를 만듭니다. 찬양하십시오. 믿음으로 용기를 내어 웃어 보십시오. 함께 웃고 미소를 선물해 보십시오. 좋은 습관을 들이면 행복해집니다.

배려하는
마음

영혼이 부요(富饒)하면 여유가 있고,
배려가 있으며, 평강이 있습니다.
그래서 언제나 행복합니다.

다른 사람들에게 친절하다는 것은 마음에 여유가 있다는 뜻입니다. 마음에 여유가 없으면 우리는 결코 남을 배려할 수 없습니다. 나를 중심으로 생각해서는 일시적으로 행복할 수 있을지 몰라도 진정으로 행복해지기는 힘듭니다. 우리 인간에게는 사회적인 관계에서 얻는 행복이 참으로 중요합니다. 내가 먼저 친절하게 배려할 때 상대방이 그것으로 기뻐하고 감사하는 모습을 보고 거꾸로 내게 행복한 마음이 생겨나게 됩니다.

화평은 관계에서 평화를 누리는 마음입니다. 평화로운 마음이 되려면 서로를 인정하고 이해하는 마음이 있어야 합니다. 서로 감사하고 축복하며 양보할 줄도 알아야 합니다. 나아가 서로 칭찬하고 격려하고 함께하는 것이 기뻐야 합니다. 이렇게 되면 화평이 생기고 행복한 동행이 됩니다. 칭찬은 서로를 행복하게 합니다. 칭찬해서 행복하고 칭찬을 들어서 더욱 행복합니다.

'내가 먼저 손 내밀지 못하고, 내가 먼저 용서하지 못하고, 내가 먼저 웃음 주지 못하고, 이렇게 머뭇거리고 있네.' 이렇게 하지 말고 내가 먼저 다가가고, 먼저 이야기하고, 먼저 헌신하여 섬기고, 먼저 손해보고, 먼저 이해해 보세요. 먼저 하는 마음이 행복한 마음입니다. 영혼이 부요하면 여유가 있고, 배려가 있으며, 평강이 있습니다. 그래서 언제나 화평합니다. 시켜서 하는 것이 아니라 자발적으로 하는 것입니다. 혹시 내가 잘못한 것이 없는데 오해를 받을지라도 내가 먼저 사과하고 손 내밀면 우리는 얼마든지 화평하게 살 수 있습니다.

저는 아내에게 매일 전화 3통을 합니다. 출근해서 "아침식사가 환상적이었습니다. 예술이에요. 정말 맛있었어요. 사랑해요. 당신을 만난 것은 예수님과의 만남 후에 얻은 최고의 축복입니다. 사랑해요" 하고 전화합니다. 그리고 점심때와 퇴근 시간에 전화합니다. "여보, 잠시 후에 봐요", "여보, 빨리 오세요." 얼마나 행복한 하루인지 모릅니다. 누군가에게 화평을 선물할 수 있으면 행복한 사람입니다.

저희 병원에서는 방문하신 환우 분들에게 일주일 안에 전화해서 다시 한 번 안부를 물어봅니다. 그간 잘 지내셨는지, 힘들지 않았는지, 치료가 잘되고 있는지… 먼저 전화로 안부를 묻고 힘들어하는 암 환우들에게 행복한 마음을 전합니다. 그러면 서로가 더 행복해집니다. 사실은 전화하고 안부를 묻는 병원 직원들이 더 행복해집니다.

차를 몰고 갈 때 누군가 끼어들면 그것도 급정거할 정도로 바싹 끼어들면 순간 깜짝 놀라서 새벽기도를 드렸는데도 갑자기 욕이 튀어나오려고 합니다. 이때 저는 "어어~~" 하고 갑니다. 뭐 바쁘시니까 그럴 수도 있지 하면서 말이지요. 그런데 반대로 내가 급해서 끼어들기 할 때 누군가 앞으로 가라고 양보해 주면 참 감사합니다. 그래서 비상등으로 감사를 표시합니다.

죄송합니다. 깜빡 깜빡
감사합니다. 깜빡 깜빡
사랑합니다. 깜빡 깜빡

어두운 골목길에서 누군가가 차 불빛으로 도와준다면 감사할 일입니다. 우리가 차를 타고 내리면서 기사 분께 안전운전에 대한 감사인사를 드리면 그 기사 분에게 하루를 견딜 힘과 용기를 주는 것입니다. 자동차 하나로도 배려할 것이 이렇게 많은데, 우리가 생활하면서 배려해야 할 것이 얼마나 많겠습니까?

다른 사람을 위해 복도에 떨어진 휴지를 줍고, 마주치면 미소와 인사로 배려한다면 참으로 신나는 하루가 될 것입니다. 옷에 묻어 있는 머리카락과 먼지를 털어 주고 작은 섬김을 실천한다면 오랫동안 고마움을 기억할 것입니다. 음식점에서 손님의 마음을 읽고 먼저 도와준다면 얼마나 기쁠까요? 상사든 아래 직원이든 잘한 일에 축복하고 칭찬을 아끼지 않는다면 얼마나 신나는 분위기가 될까요?

축하가 필요한 일에 진심으로 축하하고, 위로가 필요한 일에 진정으로 위로한다면 얼마나 큰 기쁨의 현장, 행복한 일터가 될까요?

작게 보이지만 언제나 세심한 배려가 큰 감동을 줍니다. 지금처럼 바쁜 사회에서 혹시 남을 향한 배려를 놓치고 살고 있지는 않는지 돌아볼 일입니다. 내 자신, 내 가족, 내 직장만 소중해서 상대를 무시할 때가 많았던 것 같습니다. 예수님(Jesus)을 먼저 생각하고, 이웃(Others)을 생각하고, 나(You)를 생각하는 순서로 살 때 진정 큰 기쁨(JOY)이 됩니다.

내 자신을 위해 사는 것보다 남을 향한 배려가 있을 때 세상은 더욱 아름답고 기쁨이 넘칠 것입니다. 삶의 현장에서 세심한 배려를 통해 평생 기억에 남는 감동과 은혜를 남기셨으면 합니다. 친절하게 배려하고 화평하는 마음은 행복한 마음입니다.

지금 우리는 당신의 섬김이 필요합니다.

당신의 섬김을 보여 주세요.

지금 우리는 당신의 위로와 격려가 필요합니다.

당신의 위로와 격려를 보여 주세요.

지금 우리는 당신의 기도가 필요합니다.

당신의 기도를 보여 주세요.

지금 우리는 당신의 사랑이 필요합니다.

당신의 사랑을 보여 주세요.

지금 행복하고 싶습니까? 그러면 조금 더 친절하게 배려하고 주님과 모든 이웃과 화평하십시오.

"할 수 있거든 너희로서는 모든 사람과 더불어 화목하라"(롬 12:18).

경청하는
마음

잘 듣는 사람이 하나님의 사람입니다.
잘 듣는 사람이 행복한 사람입니다.

내 이야기를 진심으로 들어주는 사람이 있다는 것은 참 행복한 일입니다. 가끔 선교사님들이 오셔서 지금까지의 사역을 말하는 자리에서도 우리는 자기 이야기를 곧잘 합니다. 우리는 대화하는 방법을 잘 모르는 국민 같습니다. 자신이 말할 때는 열을 올리고 상대가 말할 때는 잘 듣지도 않고, 벌써 자신이 할 말을 머릿속에 떠올리며 정리하고 있는 듯합니다.

자기 이야기를 장황하게 그것도 일방적으로 하다 보면 상처도 주고, 화도 내고, 비판도 하다가 결국 해야 할 말은 놓치고 안 해도 될 말을 하고 맙니다. 남한테 상처를 주고는 "나는 뒤끝이 없는 사람이야" 하고 말하는 사람도 있습니다. 상대는 벌써 기분도 나쁘고 뒤끝도 생겼는데 말입니다. 이야기를 잘 들어주는 사람을 만나면 참 행복합니다. 다시 만나고 싶어집니다.

우리는 생활 속에서 소통하고 경청하는 마음을 배워야 합니다. 아니 훈련해야 합니다. 대화를 하거나 말씀을 나눌 때 상대를 배려하고 집중해 주는 사람은 참 사랑스럽고 그 사람 때문에 행복해집니다. 서로 눈을 보고 진실되게 대화하십시오. 많은 대화나 재미난 대화보다 진실한 대화를 통해 더 행복한 소통이 이루어집니다. 또한 말씀을 전할 때나 대화를 할 때 잘 들어주는 사람이 있으면 더 잘 전하고 싶은 마음이 듭니다. 진료실에서도 마찬가지입니다. 그런 분들이 있으면 종종 진료 시간을 초과하기도 합니다. 또 말을 잘 듣는 자녀들에게는 더 좋은 것을 해주고 싶은 마음이 드는 것이 부모의 마음입니다.

사람마다 차이는 있지만, 우리는 보통 하루에 2~3만 개의 단어로 말을 한다고 합니다. 우리 모두는 말하고 대화하고 삽니다. 사실 우리는 침묵 가운데서도 하나님과 자신과 보이지 않는 어떤 사람과 자연을 대상으로 대화하면서 하루를 보냅니다.

그런데 사람들은 듣기보다 말하기를 더 좋아합니다. 대화를 하면서 우리는 하나라도 더 많은 말을 하기 위해 상대방의 말을 가로채서라도 말합니다. 토론 프로그램을 보면 출연자들이 자신의 말을 실컷 하고는 상대의 말은 듣지도 않고 딴전 피우는 모습을 종종 볼 수 있습니다. 소통하고 대화를 하자는 것인지, 일방적으로 자신의 주장과 견해를 피력하려는 것인지 분간이 안 됩니다.

사실 말을 잘하는 것은 미사여구를 잘 사용해서 말을 매끄럽게 하고, 타고난 달변가로서 거침없이 잘하는 것도 있지만, 꼭 그것만이 말을 잘하는 것은 아닙니다. '예' 해야 할 때 "예" 하고, '아니오' 해야 할 때 "아니오" 하고, '감사'할 때 "감사합니다" 하고, '죄송'해야 할 때 "죄송합니다" 하면서 제때에 해야 할 말을 하는 사람이 정말 말을 잘하는 사람입니다. 자기주장만 펴는 것은 결코 말을 잘하는 것이 아닙니다. 잘 듣는 것이 진정으로 말을 잘하는 사람입니다. 상대를 배려하는 마음으로 깊이 생각하며 듣는 것이 참으로 믿음의 사람의 모습입니다. 사실 좋은 대화는 잘 듣는 것에서 시작합니다. 훌륭한 기도와 좋은 믿음은 하나님의 음성을 잘 듣는 것입니다.

믿음은 나에게 있는 인간적인 힘을 빼고 주님의 음성을 잘 듣는 것입니다. 귀담아 잘 들으면 하나님께서 지혜도 주시고 해결책도 주실 것입니다.

잘 듣는 사람이 하나님의 사람입니다.
잘 듣는 사람이 믿음의 사람입니다.
잘 듣는 사람이 사랑의 사람입니다.
잘 듣는 사람이 겸손한 사람입니다.
잘 듣는 사람이 온유한 사람입니다.
잘 듣는 사람이 비전의 사람입니다.
잘 듣는 사람이 행복한 사람입니다.

06

화를
참아 내는 마음

분노는 영혼을 병들게 하고
행복한 마음을 빼앗습니다.
분노를 잠재우는 길은 사랑입니다.
용서는 가장 아름다운 사랑입니다.

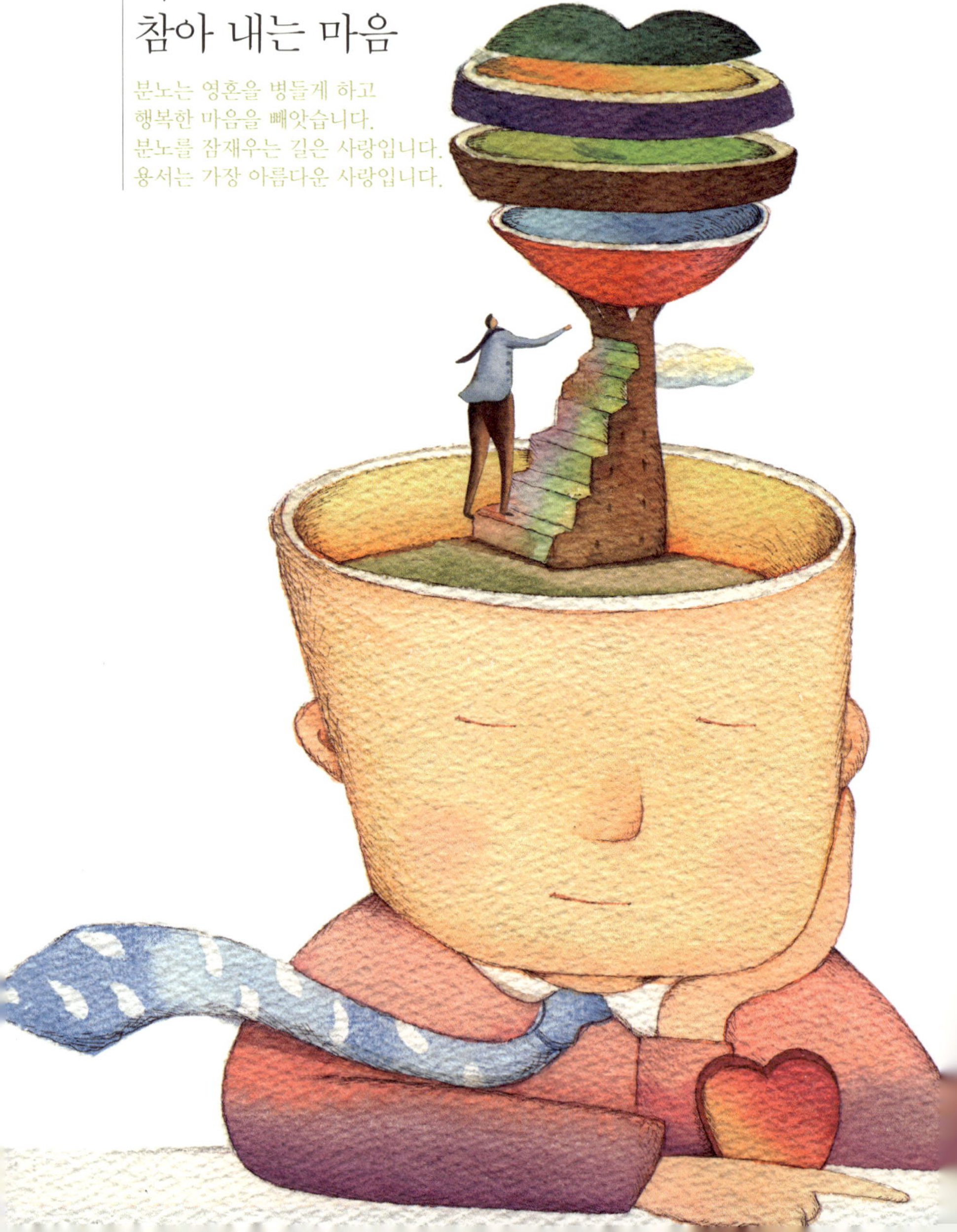

저는 레지턴트 때도, 외과 전임강사, 조교수, 부교수일 때도 환우를 친절하게 대하고 드레싱도 거의 손수 했습니다. 회진도 하루 3~4차례 했습니다. 인턴 선생님이 수술하다 졸아도 친절하게 대했습니다. 인턴은 3신(神)이라고 합니다. 아는 것은 등신, 먹는 데는 걸신, 자는 데는 귀신입니다. 인턴들은 너무 피곤한 나머지 수술 중에도 환우의 심장 소리, 호흡 소리를 자장가 삼아 서서 너무도 잘 잡니다. 엉덩이나 등이 벽에 닿으면 언제나 잠에 빠져듭니다. 그래도 저는 인턴들에게 화내거나 깨우지 않았습니다.

중요한 수술 부위가 나오면 어시스트에게 이렇게 말합니다.

"김 선생님 깨워 주실래요? 이 부분은 아주 중요합니다. 위험하기도 합니다. 잘 도와주세요. 잠시 후에 수술이 안정되면 또 재워 드릴게요."

"선생님 힘드시죠. 감사합니다."

이렇게 하면 더 잘 도와주고 그 후 어떤 인턴도 잠을 잘 자지 않습니다. 조금의 배려와 이해와 친절이 우리 삶을 따뜻하고도 여유 있게 해줍니다. 화내거나 싸우지 않으면 화평이 있습니다. 행복하려면 느닷없이 치미는 순간적인 분노, 성냄, 저주, 나쁜 생각을 제어해야 합니다.

문제와 상황은 조금만 참으면 다 지나갑니다. 조금만 더 멀리, 조금만 더 크게, 조금만 더 전체적으로 상대방 입장에서 문제를 바라보기 바랍니다. 우리는 자신의 생각이 완벽하다고 여기고 화내지만, 사람은 결코 완벽할 수 없습니다. 화를 내면 잠시 후에 자신에게 참 미안한 자아를 발견하게 될 것입니다. 화를 내면 잠시 시원해질 수는 있지만 이내 고통이 따릅니다. 분노는 영혼을 병들게 하고 행복을 빼앗아 갑니다. 분노를 잠재우는 길은 사랑입니다. 용서는 가장 아름다운 사랑입니다. 잠시 화를 참고 용서하면 잠시 후 커다란 행복이 찾아옵니다. 사람의 말, 사건, 사고에 일일이 마음 상할 필요가 없습니다. 이러한 일로 내가 화 내고 기분 나빠한다면 우리는 그 상대의 잘못이나 기분에 좌우될 뿐입니다.

기분은 특정 순간의 감정 상태입니다. 힘든 상황 가운데서도 흥분하지 말고, 성내거나 화 내지 말고 감사할 일을 생각해 보시기 바랍니다. 기분으로 반응하며 살지 않는 것이 성숙함입니다. 소리치지 말고 잠시 미소를 지으며 마음을 열어 보세요. 곧 행복해질 것입니다. 어떤 상황에서도 기분이 당신의 감정을 지배하지 못하게 지혜롭게 관리하십시오. 하나님의 평강이 당신의 삶에 가득하기를 축원합니다.

생각의
디톡스

　우리나라는 행복지수가 낮고 자살률이 세계 1위입니다. 왜 그럴까요? 우리에게 헛된 욕심이 너무 많아서입니다. 진정한 만족과 감사와 기쁨이 없어서입니다. 행복을 위해 회복해야 합니다. 우리 몸속과 생각에 생기는 불행한 독소를 제거하십시오.

　불평, 불만, 시기, 미움, 질투, 증오, 화, 성냄, 분노, 저주, 음란, 방탕, 호색, 술 취함, 자기 사랑, 돈 사랑, 자랑, 교만, 무정, 화해하지 않음, 비방, 무절제, 사나움, 배신, 조급함, 자만, 쾌락 등과 같은 마음의 독소를 디톡스(detox)하십시오.

1. 성공한다고 다 행복한 것은 아닙니다. 늙어서까지 이룩할 사명이 있어야 합니다. 이제 웬만하면 100살까지는 살 수 있습니다. 오래도록 할 일이 있어야 합니다. 지금부터 찾으시기 바랍니다. 건강하게 오래 사는 길은 마음을 다스리는 것입니다.

2. 소중한 삶을 우선순위에 두십시오. 마음의 욕심을 제거하면 소중한 삶이 보입니다. 평생 함께 지낼 경건한 친구를 만드십시오. "친구는 재산과 명예와 권력과 나이와 무관합니다. 이 모든 것을 초월하여 친구를 사귀십시오. 친구 없는 인생은 목격자 없는 죽음과 같습니다(스페인 속담)."

3. 몰입할 수 있는 취미를 찾아보십시오.

4. 시간을 잘 활용하십시오. 세상과 마음을 어지럽히는 TV를 보지 말고 시간을 유용하게 사용하십시오.

5. 행복하게 행동하고, 자주 웃으세요. 웃음은 우리 마음에 생긴 독소를 제거하는 가장 좋은 자연치료제입니다. 웃음은 행복한 집을 짓는 가장 훌륭한 벽돌입니다. "웃음은 내면의 조깅이요 장기(臟器)

마사지입니다(로마린다대학 리 버크 교수)."

6. 운동하고, 몸을 움직이세요. 건강한 정신은 건강한 몸에 깃든다고 합니다. 마음과 몸에 독소가 고이지 않게 순환시키십시오.

7. 다른 사람에게 관심을 가지세요. 도움이 필요한 사람에게 관심을 갖고, 기쁨을 나눠 보세요. 자기중심으로 살면 마음에 독소가 찹니다. 사랑으로 이웃을 돌보면 자연히 마음의 독소가 제거됩니다.

8. 잠을 충분히 자서 만성피로를 없애십시오. 몸과 마음이 지치면 피곤과 피로의 독소가 차게 됩니다.

9. 자신의 영혼을 돌보십시오. 영혼이 성숙한 사람이 대처능력이 더 뛰어납니다. 기도, 예배, 말씀, 그리고 찬송하십시오.

10. 일기를 쓰십시오. 매일 저녁 자신을 돌아보고 마음에 차 있는 부정적이고 우울한 생각을 정리하세요. 삶을 풍요롭게 하는 가족, 친구, 건강, 자유, 자연, 감각, 교육 등을 돌아보고 더 깊고 넓은 묵상을 누리십시오.

07

한국인의
행복 조건 유감

행복은 외적 조건에 다소 영향을 받지만
사실은
마음이 더 중요합니다.

2006년도에 삼성경제연구소가 성균관대와 함께 18세 이상 남녀 1,605명을 대상으로 실시한 '한국종합사회조사'(KGSS)를 토대로 한국인의 의식을 분석한 연구결과를 발표했습니다.

* 젊어야 행복하다.
* 남보다 잘산다고 느껴야 행복하다.
* 많이 배워야 행복하다.
* 타인과 사회가 나를 신뢰할 때 행복하다.
* 신앙생활을 할 때 행복하다.
* 가족과 함께 있을 때 행복하다.
* 여가, 여행을 즐길 때 행복하다.

진정한 행복은 나이와 상관없습니다. 연령·혼인상태별 만족도(불만족 1, 중간 2, 만족 3)를 보면 한국인은 20대에 만족도가 높고 30대에 최고조에 이릅니다. 40대 이후부터는 나이가 많을수록 만족도가 낮습니다. 유럽인이 30대에 삶의 만족도가 가장 낮은 U자형 패턴을 보이는 것과 차이가 있습니다. 미혼자와 기혼자의 만족도는 동일하여 결혼한 사람이 더 행복감을 느끼는 유럽인과 달랐습니다.

진정한 행복은 소유의 개념을 초월합니다. 절대적인 소득 수준은 만족도 차이에 크게 영향을 미치지 않는 것으로 나타났습니다. 월 평균 가구 소득 100만 원 미만은 만족도가 2.23이고, 700만 원 이상도 2.22로 비슷했습니다. 미국인은 소득 수준이 높을수록 만족도 지수는 올라갑니다. 반면 한국인의 경우 남보다 잘산다고 느껴야 행복하다고 느낍니다. 이동원 연구위원은 "높은 소득이 높은 만족으로 연결되지 않는 것은 한국인이 자신의 소득을 남과 비교하기 때문"이라고 분석했습니다.

진정한 행복은 학벌과 상관없습니다. 하지만 한국인의 행복감은 많이 배울수록 높아진다고 합니다. 초등학교 졸업자의 만족도가 1.97이지만, 학벌이 높을수록 만족도는 올라가 박사학위 소지자의 만족도는 2.71로 가장 높았습니다. 가치척도를 종교(2.48), 가족(2.28), 여가(2.23)에 두는 사람은 아주 높은 만족도를 보였으나, 돈(2.05)을 최고 가치로 두는 사람은 만족도가 낮았습니다. 이 같은 경향은 선진국과 비슷하지만, 종교의 경우 어떤 종교를 믿느냐보다 종교 행사에 얼마나 참여하느냐가 행복감을 더 좌우했습니다. 타인과 사회로부터 신뢰받는 사람의 만족도도 높았습니다.

또한 이 조사에서 중산층으로 규정되는 월 평균 소득이 200만~499만 원이라고 답한 응답자 비중이 49%로, 2003년 첫 조사 당시 52%에 비해 소폭 줄었습니다. 그러나 자신을 중산층 이상으로 인식

한다는 응답자는 2003년의 58%보다 높은 62%를 기록해 주관적인 중산층 귀속감은 올라갔습니다.

우리는 행복한 마음을 가지기 위해 끝없이 비교하고, 분석하고, 모으고, 취하고, 외적인 조건에서 행복을 찾느라 전투적으로 살아갑니다. 오히려 행복한 마음은 나를 비우고 나를 내려놓고 작은 것이라도 의미를 알고 만족하는 마음입니다. 행복은 우리의 마음교정, 시각교정을 통해 어떤 상황에서도 누릴 수 있는 것입니다.

〈매경이코노미〉에서 창간 33주년 특집기사로 '행복의 조건'에 대한 설문조사를 진행했습니다. 한국인은 현재 자신의 행복한 정도를 10점 만점에 5.99점으로 평가했습니다. 행복감을 느끼는 원천으로 가족을 꼽지만, 스트레스를 풀기 위해서는 가족과 함께 시간을 보내는 대신 혼자 있는 시간을 선택한다는 재미난 결과가 나왔습니다.

세계 각국의 정서균형지수(긍정적 감정 - 부정적 감정, 자료: 2010년 한국심리학회)로는 덴마크가 73, 스웨덴 72, 네덜란드 68, 뉴질랜드 67, 호주 65, 영국 64에 비해 한국은 38로 현저히 낮았습니다.

세대별로 생각하는 행복의 조건은 천양지차였습니다. 30세 미만은 긍정적인 마음가짐이 가장 중요하다고 했고, 30~49세의 장년층은 화목한 가족관계를 꼽았습니다. 반면 50세 이후의 사람들이 꼽은 최고 행복의 조건은 건강이었습니다. 의외로 재산은 힘을 발휘하지 못했는데, 재산을 행복의 조건으로 꼽는 경우는 4.4%에 불과했습니다. 그러나 현재 불행하다고 답한 사람의 무려 33.2%가 재산이 행복 조건에 들어간다고 답했습니다.

외모지상주의 시대가 되면서 외모도 사람을 행복하게 만드는 주요 요인이 되었습니다. 지금 행복하다고 답한 사람 중 자신의 외모에 대해 10점 만점에 8~10점이라고 답한 사람이 44.5%에 달했습니다. 특히 청소년기에 외모가 행복에 더 영향을 미치는 이유는 경제와 건강의 의미를 잘 모르기 때문이라는 분석입니다. 가정과 일의 밸런스를 맞추는 것이 행복의 관건인데, 행복한 사람 중 54%가 자신의 직업에 만족감을 나타냈습니다. 이런 사람은 직장에서 성취감이 꽤 높은 편이었습니다[47.8%]. 반면에 행복하지 않다고 답한 사람 중 47.7%는 직장에서의 성취도가 매우 낮았습니다. 행복하다는 사람의 49.5%가 '생계를 위해' 직장에 다닌다고 한 반면, 행복하지 않다는 사람의 78.5%가 '생계 때문에' 직장에 다닌다고 답했습니다. 자신이 하는 일에 만족하고 그 일을 사랑하는 사람은 삶의 질도 높고 행복감도 누릴 수 있습니다. 취미생활을 하는 사람의 82.7%가 행복하다고 느끼고, 미래를 준비하는 사람도 59.7%가 행복감을 누리고 있습니다. 행복하지 않다고 답한 사람 중 77.9%는 미래에 대한 준비가 없다고 답했습니다.

　이해인 수녀는 〈봄과 같은 사람〉이란 시에서 '봄과 같은 사람이란 늘 희망하는 사람, 기뻐하는 사람, 따뜻한 사람, 친절한 사람, 명랑한 사람, 온유한 사람, 생명을 소중히 여기는 사람, 고마워할 줄 아는 사람, 창조적인 사람, 긍정적인 사람, 자신의 처지를 원망하고 불평하기 전에 우선 그 안에 해야 할 바를 최선의 성실로 수행하는 사람, 어려움 속에서도 희망의 용기를 새롭게 하며 나아가는 사람'일 것이라고 했습니다.

　한국인의 행복 조건이 '봄과 같은 사람'이라고 정의되는 날을 꿈꾸어 봅니다. 그래서 우리나라가 이런 멋진 시와 같은 행복한 사람들이 사는 나라가 되었으면 합니다. 행복은 외적 조건에도 다소 영향을 받지만, 사실은 마음이 더 중요함을 아는 이 시대가 되었으면 합니다.

08

가장 오래
행복한 길

행복한 섬김, 행복한 양보, 행복한 헌신, 행복한 고난, 행복한 배려,
이것이 바로 사명 맡은 자의 행복이요,
가장 오래 행복할 수 있는 길입니다.

《잠 못 이루는 밤을 위하여》를 저술한 카를 힐티(Carl Hilty)는 "인생 최고의 날은 자기 사명을 깨닫는 날이다"라고 했습니다. 사명으로 전진하는 삶은 축복이요 행복입니다.

첫 출근하는 마음으로 일하러 간다면, 결혼할 때 마음처럼 가정생활을 한다면, 첫 세례 받을 때처럼 신앙생활을 한다면 우리의 삶은 행복 그 자체일 것입니다. 생활하면서 타성에 젖지 말기를 바랍니다.

영화 〈창〉을 감격의 눈물을 흘리며 보면서 참 행복했습니다. 휴튼 대학을 우등으로 졸업한 짐 엘리엇은 에콰도르의 식인 종족 아우카족을 전도하기 위해 네 명의 동료와 함께 그곳으로 떠납니다. 선교 전진기지를 마련한 어느 날 원주민이 나타납니다. 그들에게 "우리는 당신들의 친구입니다"라고 말했지만 그들에게 돌아온 것은 창이었습니다. 5명의 선교사들은 자신을 지킬 권총을 소지하고 있었지만 그 누구도 총을 발사하지 않고 창에 찔려 죽었습니다. 그들은 이렇게 전했을 것입니다.

"하나님은 당신을 사랑하십니다. 저도 당신을 사랑합니다. 그 사랑을 전하고 싶어서 이곳에 왔습니다. 지금 그 뜻을 이루지 못하고 죽지만 형제님, 예수님을 구주로 영접하고 우리 천국에서 꼭 만나요…."

그 후 희생된 선교사들의 아내들이 남편의 유지를 받들기 위해 어린 자녀들을 데리고 그 땅을 다시 찾습니다. 다행히 아우카족은 여자와 아이들은 헤치지 않았습니다. 그들이 5년 동안 열심히 섬기자 어느 날 추장이 물어봅니다.

"당신들은 무슨 이유로 이 죽을 고생을 하십니까?"

"주님의 십자가 사랑 때문입니다."

그리하여 아우카족은 모두 복음을 전해 받고 예수님을 믿었습니다. 그런데 놀랍게도 선교사들을 창으로 찔러 죽인 키모라는 청년이 첫 목회자가 되었습니다. 두 선교사의 자녀가 아버지의 피가 뿌려진 팜비치 강변에서 키모 목사에게 세례를 받았습니다. 이 영화를 보면서 얼마나 감격스러웠는지…. 그리고 참 행복한 눈물을 흘렸습니다.

우리가 자신의 사명을 감당하고 산다면 얼마든지 행복한 죽음도 맞을 수 있고, 행복할 수 있을 것입니다. 사명으로 나아가면 행복합니다.

필리핀 의료선교를 위해 팀을 꾸렸는데, 제가 집회 사역으로 바빠서 제자들에게 선교팀 모임을 일임하고 기도도 제대로 하지 않았습니다. 그래도 약을 모으고 하는 모든 일이 순조롭게 잘 진행된다는 보고를 받았습니다. 드디어 필리핀으로 선교를 떠나게 되었습니다. 늘 문제가 되고 근심이 되었던 약 통관이 신경 쓰였습니다만 명예 시민증도 있으니까 잘 되리라고 믿었습니다.

그런데 문제가 생겼습니다. 마닐라 공항에서 의료선교를 위해 준비해 간 약을 모두 빼앗기고 말았습니다. 무려 4시간 동안 공항에 체류하며 빌고 사정해도 약을 되돌려 줄 기미가 없었습니다. 할 수 없이 그날은 공항을 빠져나왔습니다. 뚜게가라오(Tuguegarao)로 가는 우리 일행의 발걸음이 얼마나 무거웠는지 모릅니다.

다음날 마닐라에서 사역하는 선교사와 뚜게가라오 지역 선교사와 제가 출입국관리사무소, 식약청, 법무부, 세관 등을 전전하며 약을 돌려 달라고 사정했습니다. "이 약은 1년간 아픔 가운데 기다리는 성도의 것이요 하나님의 것입니다. 좀 도와주세요" 하면서요. 그리고 제가 1989년부터 이곳에 선교하러 온다는 사실을 리스트를 뽑아 보여 주었습니다.

같이 간 선교사들은 앞으로 선교사역의 길이 막힐 수도 있으니 약을 포기하자고 했습니다. 저는 1년을 기다린 환우들 생각에 미쳐 버릴 것 같았습니다. 결국 빼앗긴 약을 다 포기하고 마닐라 시내 10개 약국을 전전하며 약 2,000만 원어치의 약을 구입했습니다. 시간도 물질도 많이 들었습니다. 사실 의사의 처방이 있어야 살 수 있는 약을 사정사정하며 비싼 값에 구입한 것입니다. 얼마나 마음이 쓰리고 아팠는지 모릅니다. 밤 11시나 돼서야 뚜게가라오로 가는 버스에 약과 몸을 실었습니다. 13시간 동안 밤새도록 달려가는 버스 안에서 한숨도 자지 못하고 차창에 기대어 엉엉 울었습니다.

1년간 아픔을 참고 기다린 성도들에게 미안한 눈물, 약을 다 빼앗기도록 도와주시지 않은 하나님에 대한 섭섭함의 눈물, 선교한다며 기도하지 않은 내 모습을 통회하는 회개의 눈물. 그렇게 눈물로 밤을 지새우고 라굼으로 가는 선착장에 도착하자 김 선교사와 아내가 마중 나와 있었습니다. 배가 움직이는 순간 또 눈물이 터져 나와 아내도 저도 계속 울었습니다.

"미안합니다, 성도님. 용서해 주세요, 하나님."

라굼에 도착하여 의료진들을 다 모았습니다. 그간 있었던 이야기를 하고 우리가 가져온 약으로 치료하는 것이 아니라 주님의 강권적 역사와 은혜로 치유하심에 의지해야 한다고 말했습니다. 그리고 진료할 때 모든 환우들의 손을 잡고 기도하자고 뜻을 모았습니다. 이때부터 모든 환우와 기도하는 것이 저의 원칙이 되었습니다. 참 행복했습니다. 하나님께서는 이전보다 더욱 놀라운 은혜의 역사들을 보여 주셨습니다. 뇌암 환우가 6개월을 더 살아 자신의 앞마당을 헌납하여 제4라굼 교회가 세워지고, 한 번도 일어서지 못했던 환우가 수액 한 병 맞고 일어나 걷고…. 하나님께서 행복한 기적을 보여 주셨습니다.

그리고 그후부터 우리가 직접 약품을 운송하지 않고 컨테이너로 모든 물품과 약을 수송하게 해주셨습니다. 그래서 이전보다 더 손쉽게 선교지로 약을 운반하게 되었습니다. 하나님께서는 우리가 사명 가운데 있으면 늘 행복을 주시는 멋진 분이십니다.

행복한 섬김, 행복한 양보, 행복한 헌신, 행복한 고난, 행복한 배려, 이것이 바로 사명 맡은 자의 행복이요, 가장 오래 행복할 수 있는 길입니다.

09

행복헌장
10계명

행복헌장 10계명을 지켜서 행복한 것이 아니라
우리가 행복하니까
그렇게 살게 되는 것입니다

영국 BBC 다큐멘터리 '슬라우(Slough) 행복하게 만들기' 프로그램을 위해 구성된 행복위원회에서 다음과 같은 행복헌장 10계명을 만들었습니다.

1. 운동을 하라. 일주일에 3회. 30분씩이면 충분하다.
2. 좋았던 일을 떠올려 보라. 하루를 마무리할 때마다 당신이 감사해야 할 일 다섯 가지를 생각하라.
3. 대화를 나누어라. 매주 온전히 한 시간은 배우자나 가장 친한 친구들과 대화를 나누어라.
4. 식물을 가꾸어라. 아주 작은 화분도 좋다. 죽이지만 마라!
5. TV 시청 시간을 반으로 줄여라.
6. 미소를 지어라. 적어도 하루에 한 번은 낯선 사람에게 미소를 짓거나 인사를 하라.
7. 친구에게 전화하라. 오랫동안 소원했던 친구나 지인들에게 연락해서 만날 약속을 하라.
8. 하루에 한 번 유쾌하게 웃어라.
9. 매일 자신에게 작은 선물을 하라. 선물을 즐기는 시간을 가져라.
10. 매일 누군가에게 친절을 베풀라.

행복헌장 10계명을 실천하면 행복해질 수 있습니다. 기술적으로 접근하지 말고 행복의 원리를 발견하기 바랍니다. 물론 행복헌장 10계명을 실천하는 것도 중요한 행복 요인이 될 수 있지만, 주님 안에서 내 마음의 평강과 기쁨과 감사가 얼마나 충만한가가 더 중요합니다. 먼저 행복하기를 천명하고 행복을 선언하고 누리기 바랍니다. 나는 행복 그 자체라고 말하고 삽시다. 그러면 삶의 현장에서, 생활에서 자연스레 행복한 마음이 일어납니다.

Part 3

행복은
내 안에

01

함께하는
마음

함께 웃으며 배려하는 것은
행복한 사람만이 할 수 있는
여유입니다.

어떤 형편과 상황에서도 함께 웃어 주고 울어 준다면 조금씩 행복한 가정, 행복한 사회가 될 것입니다. 웃고 울면서 우리의 몸도 건강해지고 우리의 마음과 영혼도 건강해질 것입니다. 우리는 함께하는 사람이 있어야 행복할 수 있습니다. 함께 웃고 울 수 있는, 마음 터놓고 이야기할 수 있는 진심 어린 친구가 있다면 참 행복한 사람입니다.

하나님께서 사람에게 주신 아름다운 선물 중 하나가 웃음과 울음입니다. 웃음도 건강에 효과가 있지만 우는 것 역시 건강에 효과적입니다. 웃음이 파도면 울음은 해일입니다. 웃음이 가랑비면 울음은 소낙비입니다. 울어야 할 때 울지 않으면 결국 우리의 장기(臟器)가 울게 됩니다.

많이 웃거나 울면 엔도르핀, 엔케팔린, 세로토닌, 다이도르핀 등의 뇌신경 전달 물질이 많이 분비됩니다. 이와 같은 물질들이 NK세포, T세포, B세포 등 면역세포를 많이 만들어서 우리의 면역력을 활성화시킵니다. 우리가 눈물을 흘리며 통곡할 때 마음이 정화됩니다. 이 눈물은 영혼의 운동과도 같습니다. 막힌 마음과 영혼에 활력과 생기를 가져다 줍니다. 우리가 너무 기쁘면 감사하고 감동하고 감격하지 않습니까? 이러한 감격, 감동, 감사가 넘치면 우리의 몸은 자연스럽게 건강해집니다.

현대 사회는 감격과 감동과 감사가 없는 시대인 듯합니다. 우리가 무뎌진 영성과 마음과 체력으로 살다 보니 병을 많이 가지고 사는 지도 모릅니다. 좀 더 감격하고, 울고, 남 의식하지 않고, 자신의 감정에 충실하면 좋겠습니다.

저는 두 아들과 함께 기도하다가도 웁니다. 가족 예배에서도 웁니다. 그러면 우리 가족도 같이 웁니다. 하나님께서는 주일예배 시간에도 감사 눈물을 주십니다. 병원 외래 현장에서도 환우들과 보호자와 같이 기도하며 웁니다. 한 주에 2~3번은 웁니다. 그래서 건강한가 봅니다.

사실 웃는 것보다 우는 것이 효과가 더 큽니다. 그래서 저희 병원을 찾는 암 환우들에게 많이 울라고 합니다. 서로 안고 축복하면 환우와 보호자도 같이 부둥켜안고 웁니다. "여보, 내가 다 나아서 더 훌륭한 남편이 될게요" 하면 부부가 같이 웁니다. "엄마 아빠, 제가 더 좋은 아들이 될게요" 하면 가족이 다 같이 웁니다.

이 시대를 품고, 우리의 삶과 우리의 모순과 이기심을 품고, 참 눈물로 울고 통곡하고 회개해 봅시다. 하나님께 회개하고 용서를 구할 때 우리의 마음과 몸이 더욱 건강해질 것입니다.

어떻게 보면 운다는 것은 내려놓음이요 포기요 항복입니다. 우리가 주님께 항복할 때 하나님이 비로소 역사하시기 시작합니다. 우리가 풀지 못했던 한도 주님께 내려놓고 울고 기도하고 용서를 구하면 해결해 주십니다. 우리의 몸도 강건하게 해주십니다.

오늘 잠들기 전에 하나님의 사랑과 위로하심과 함께하심에 감격하여 실컷 웃고, 실컷 감사하며 울어 봅시다. 우리의 건강과 행복을 위해….

02
용서하는 마음
용서는 정신적인 균형을 이루고
인격을 완성시켜 나가는 시금석입니다.
우리 인간에게 부족한
하나님의 성품입니다.

진심은 힘이 있습니다. 우리 사회는 소통이 부재하다는 말을 많이 합니다. 이것은 자기중심적인 행동으로 인해 배려나 진정성이 결여되어 생기는 일방통행 장애입니다. 진심이 전해진다면 우리는 서로를 이해하며 더 멋진 세상을 만들 수 있습니다.

진심이 느껴지려면 이해와 사랑, 인내가 필요합니다. 오래 참아 주고 견뎌 주고 기다려 주는 것입니다. 용납하고 용서하는 것입니다. 상대가 미움의 권총을 발사해도 우리는 사랑의 대포를 발사하고, 상대가 미움의 가랑비를 내리게 하면 우리는 사랑의 홍수로 보답해 봅시다. 어느덧 행복한 마음이 될 것입니다.

사랑하는 사람을 찾는 것이 아니라 사랑을 창조해 보세요. 그러려면 우리를 이해하지 못하는 다른 생각을 가진 많은 사람을 품고 진심으로 오래 참고 믿어 주며 용서하는 마음을 가져야 합니다. 따지고 보면 용서는 철저히 자기 자신을 위해서 하는 것입니다. 멋진 미래를 열어 주신 주님의 은혜가 흐르도록 용서하십시오. 요셉처럼 형들을 용서하고 "주의 성령이 내게 임하셨으니 이는 가난한 자에게 복음을 전하게 하시려고 내게 기름을 부으시고 나를 보내사 포로 된 자에게 자유를, 눈 먼 자에게 다시 보게 함을 전파하며 눌린 자를 자유롭게 하고"(눅 4:18)라는 멋진 고백이 우리의 고백이 되길 원합니다. 용서는 사람을 살립니다. 나도 살고 너도 삽니다. 정신적인 상처와 응어리가 남아 있어서는 결코 건강하게 성장하고 성숙할 수 없습니다. 진정한 영혼의 자유를 위해 용서합시다.

지난 상처를 안고 헤매기에는 우리의 사명이 너무 크고 아름답습니다. 우리 하나님께서 우리를 너무 귀하게 인도하고 계심을 알고 누리시기 바랍니다. 서로 용서하며 회복이 있는 사랑은 아름다운 인생에서 꼭 경험해야 할 소중한 일입니다. 천국은 이다음에 우리가 가는 곳이지만, 우리가 있는 곳을 천국으로 만드는 이는 행복한 마음으로 이 세상을 섬기는 행복한 사람입니다. 우리가 사는 이곳이 천국이 되려면 서로를 용서하고 용납해야 합니다. 내가 심판자가 되지 않으면 주님께서 더 많이 갚아 주시는 보너스를 누리게 됩니다. 우리가 억울해하는 것은 아직도 우리의 자아가 살아 있다는 증거입니다.

누군가 우리에게 깊은 상처를 준 것이 문제가 아니라 우리가 그 상처를 너무 오래 간직하고 해결하지 않는 것이 더 큰 문제입니다.

"너희가 누구의 죄든지 사하면 사하여질 것이요 누구의 죄든지 그대로 두면 그대로 있으리라"(요 20:23).

아픈 기억을 전적으로 하나님께 맡기는 지혜가 필요합니다. 그러면 주님께서 해결해 주시고 맡아 주시고 갚아 주십니다. 평강과 은

혜와 사랑과 기쁨과 감사와 행복한 마음을 주십니다. 어떤 상황에서
도 용서를 포기하지 마십시오. 용서를 선택하십시오.

"우리가 선을 행하되 낙심하지 말지니 포기하지 아니하면 때가 이르
  매 거두리라"(갈 6:9).

우리가 용서하지 않고 사는 것은 하나님의 놀라운 축복과 감사에
전혀 반응하지 않는 태도입니다.
독수리는 더 높이 날아올라 성가신 까마귀 떼를 따돌립니다. 우리
의 에너지와 삶의 선택을 더 고상하게 하면 할수록 우리는 더 행복
해집니다.

일을 즐기는
마음

삶을 사랑하고 즐기는 법을 배우십시오. 온 힘을 다해 하늘에 부끄럽지 않게 정직하고 성실하게 사는 것이 행복한 삶입니다.

행복한 마음을 가지려면 생활 속에서 행복의 달인이 되어야 합니다. 〈생활의 달인〉이라는 텔레비전 프로가 있습니다. 일상생활에서 그 일을 지겨워하지 않고 즐기면서 감당했기에 생활의 달인이 된 사람을 소개하는 프로그램입니다.

제가 시청한 생활의 달인은 공연 준비를 하는 한 청년이었습니다. 의자를 던지면 자연히 적당한 위치에 놓입니다. 의자를 들고 가는 것도 다른 사람은 몇 개 쌓지도 않았는데 넘어지고 맙니다. 그러나 생활의 달인은 12~13개를 쌓고도 유유히 들고 다닙니다. 또 다른 생활의 달인은 이불을 만드는 공장에서 일하는 분인데, 이불을 던지면 포장 박스에 정확히 들어갑니다. '어떻게 저렇게 할 수 있지?' 하며 시청자들에게 감동을 줍니다. 신문을 배달하는 분도 소개되었습니다. 신문을 던지면 2층이든 3층이든 구독하는 집에 정확히 들어갑니다.

정확하게 100장의 지폐를 들어 올리는 은행원, 장어를 멀리 던져 수족관에 골인시키는 장어 아저씨 등 우리 주위에는 열심히 성실하게 그리고 재미있게 생활의 달인으로 살아가는 사람들이 많습니다.

"어떻게 그렇게 됩니까?" 물어보면 모두들 한결같이 환하게 웃으며 "그냥 계속하니까 됩디다"라고 대답합니다. 지겹지 않느냐고 하면 재미있다고 합니다. 성실하고 정직하게 자신의 일을 해온 사람들입니다. 그들은 이 시대의 작은 영웅입니다.

지금 자신이 하는 일을 사랑하며 정직하고 성실하게 살아가면 얼마든지 삶의 현장에서 행복할 수 있습니다. 우리가 하는 일에 행복을 누리며 모두 생활의 달인으로 살아가면 좋겠습니다. 행복한 마음은 눈속임이 없습니다. 정직합니다. 행복한 마음으로 살아가려면 어떤 경우에라도 정직해야 합니다. 속이는 마음은 결코 행복해질 수 없습니다.

무슨 일을 해도 2만 번 이상 반복해 보십시오. 10년 이상 꾸준히 해보십시오. 자신도 모르는 사이에 생활의 달인이 될 것입니다. 성실하면 행복합니다. 성실히 땀 흘리면 그때는 조금 힘들지만 더 깊은 행복이 밀려오는 것을 느끼게 됩니다. 성실함은 행복을 담는 그릇입니다.

그것이 모아지면 행복한 영향력이 됩니다. 지금 자신이 하는 일을 사랑하며 정직하고 성실하게 살아서 이 시대의 살아 있는 행복한 증인이 되시기 바랍니다. 행복한 사람은 묵묵히 자신이 하고 있는 일에 최선을 다합니다. 진정한 리더가 될 수 있습니다. 이 시대의 모든 가장이 공동체의 리더가 되고 지도자가 되어 행복한 리더십을 발휘하길 원합니다.

우리도 행복한 생활의 달인이 될 수 있다는 믿음으로 삶의 현장에서 자신의 일을 사랑하고 정직하고 성실하게 열정적으로 삽시다. 짧은 인생에서 시간을 낭비하지 않는 것이 행복한 인생입니다. 자신의 일을 지금 이 순간 충분히 즐기는 것이 행복입니다. 하루하루 소중한 생활로 아로새기면 어느덧 행복한 일생이 됩니다.

겸손한
마음

참된 겸손은 사람과 환경에 마음을 열어 감사하며
다른 사람을 나보다 낫게 여기며
섬기며 조화를 이루어 가는 것입니다.

얼마 전 모 방송을 통해, 똑똑한 쥐를 만들 수 있다는 연구 결과가 보도되었습니다. 동물의 신경세포가 활성화되면 칼슘 이온 농도가 평소보다 증가하는데, 이것이 학습과 기억 능력을 도와준다고 합니다. 그리고 증가된 칼슘 이온을 세포 밖으로 다시 빼내는 기능을 하는 NCX-2라는 유전자를 인위적으로 제거하면 세포 내에 칼슘이 더 오래 머물면서 이른바 똑똑한 쥐로 탄생하는 것입니다. 이 쥐는 일반 생쥐보다 학습과 기억 능력이 훨씬 탁월해지고, 호기심도 많고, 두려움이 적은 것으로 실험 결과 밝혀졌습니다. 이러다 인간의 지능도 조절 가능해지는 건 아닌지 모르겠습니다.

하지만 과학은 양면성을 가지고 있습니다. 유익한 점도 있지만 활용과 적용을 잘못하면 혼돈을 초래하게 됩니다. 모두 머리가 좋아지면 세상은 별로 재미없을 수도 있습니다. 하나님께서는 필요에 따라 우리를 지금의 지능과 모습으로 창조하여 세상에 보내신 것입니다.

무엇이든 감사함으로 받으면 하나님께서 기뻐하실 것입니다. 지금까지의 많은 문제가 우리의 지식과 지능 부족으로 생겨난 것이 아닙니다. 오히려 우리가 너무 영악하여 생긴 것이 더 많으리라 생각합니다. 우리가 하나님 앞에 더욱 낮추고 겸손할 때 하나님께서 우리를 축복하실 것입니다.

머리가 좋아지면 더 많은 일을 할 수 있고 더 많은 영광을 돌릴 수 있다고 착각해서는 안 됩니다. 머리가 좋고 나쁜 것으로 우리가 하나님께 영광을 돌리는 것이 아닙니다. 우리가 가진 것으로도 참 많은 일을 할 수 있고 주님께 영광을 돌릴 수 있습니다.

과학은 날로 발전하고 있습니다. 유전자 지도를 만들고 유전자 치료를 합니다. 여러 불치병을 치료할 날도 멀지 않았다고 합니다. 그러나 모두 다 안다고 해서 도움이 되는 것은 아닙니다. 사실 적당히 모르는 것이 얼마나 큰 은혜인지 모릅니다. 만약 우리가 죽는 날을 정확하게 안다면 우리는 분명 신경쇠약에 걸릴 것입니다. 모르는 세계가 있기에 오히려 감사한 것입니다.

과학으로는 하나님의 신묘막측한 세계를 모두 알 수도 없고, 조금 알지라도 우리가 아는 세계가 전부는 아닙니다. 사는 날까지 끝까지 겸손했으면 합니다. 그래야 행복해질 수 있습니다.

"아무 일에든지 다툼이나 허영으로 하지 말고 오직 겸손한 마음으로 각각 자기보다 남을 낮게 여기고 … 너희 안에 이 마음을 품으라 곧 그리스도 예수의 마음이니"(빌 2:3,5).

성공의 7가지 비결

사도 바울만큼 인생에서 고통과 어려움을 겪은 사람은 거의 없을 것입니다. 다메섹 도상에서 그리스도를 만나는 충격적인 경험을 한 이후에 사도 바울은 그의 전 생애를 복음 증거에 바쳤습니다. 사도 바울은 걸어서 전 로마제국에 복음을 전파했습니다. 자동차, 열차, 비행기, 휴대폰 등 이런 것들의 도움 없이도 영향력 있고 능력 있는 삶을 살았습니다. 여기에 새들백교회 릭워렌 목사님이 소개한 '사도 바울의 성공의 7가지 비결'이 있습니다.

1. 방향 감각

"푯대를 향하여 그리스도 예수 안에서 하나님이 위에서 부르신 부름의 상을 위하여 달려가노라"(빌 3:14).

2. 이해

"나는 비천에 처할 줄도 알고 풍부에 처할 줄도 알아 모든 일 곧 배부름과 배고픔과 풍부와 궁핍에도 처할 줄 아는 일체의 비결을 배웠노라"(빌 4:12).

3. 전념

"내가 달려갈 길과 주 예수께 받은 사명 곧 하나님의 은혜의 복음을 증언하는 일을 마치려 함에는 나의 생명조차 조금도 귀한 것으로 여기지 아니하노라"(행 20:24).

4. 깊은 사랑

"내가 예언하는 능력이 있어 모든 비밀과 모든 지식을 알고 또 산

을 옮길 만한 모든 믿음이 있을지라도 사랑이 없으면 내가 아무것
도 아니요 내가 내게 있는 모든 것으로 구제하고 또 내 몸을 불사
르게 내줄지라도 사랑이 없으면 내게 아무 유익이 없느니라"(고전
13:2-3).

5. 열정적인 신앙

"내게 능력 주시는 자 안에서 내가 모든 것을 할 수 있느니라"(빌
4:13).

6. 남에 대한 봉사

"내가 너희 영혼을 위하여 크게 기뻐하므로 재물을 사용하고 또 내
자신까지도 내어 주리니 너희를 더욱 사랑할수록 나는 사랑을 덜
받겠느냐"(고후 12:15).

7. 지속적인 힘

"우리가 사방으로 우겨쌈을 당하여도 싸이지 아니하며 답답한 일
을 당하여도 낙심하지 아니하며 박해를 받아도 버린 바 되지 아니
하며 거꾸러뜨림을 당하여도 망하지 아니하고"(고후 4:8-9).

당신의 인생에서 이러한 것들을 실천해 보십시오. 분명히 행복한 가
치들을 거두게 될 것입니다.

행복을 심는
마음

먼저 인사하고 미소를 선물해 보세요.
대부분 행복한 미소와 인사로 돌아올 것입니다.
행복한 미소와 인사 한마디가 생명을 살립니다.

행복은 콩 심으면 콩 나고 팥 심으면 팥이 나는 원리와 같습니다. 많이 심으면 많이 거두고, 적게 심으면 적게 거둡니다. 행복을 심으면 행복을 거두고 불행을 심으면 불행을 거둡니다. 선을 심으면 선을 거두고 악을 심으면 악을 거둡니다. 육체를 위해 심은 자는 썩은 육체를 거두고 영생을 위하여 심은 자는 생명을 거둡니다.

어디서든 사람을 만나면 먼저 미소를 지으며 인사하고 칭찬해 보십시오. 분위기가 바뀔 것입니다. 아침 출근길에 누군가가 내게 먼저 인사한다면 얼마나 행복한 아침이 되겠습니까? 그 아침의 행복한 인사를 당신이 먼저 해보시기 바랍니다. 미소를 머금으며 "반갑습니다. 참 좋은 아침입니다", "아침에 당신을 만나서 참 기쁩니다. 행복한 하루, 보람된 하루 되기 바랍니다", "오늘 넥타이가 멋지십니다", "옷이 매우 화사합니다" 하고 말해 보십시오. 내가 인사를 건넸는데 내가 오히려 행복한 마음이 됩니다.

"아침에 인사하지 않는 동료와는 동업하지 말라"는 말도 있습니다. 우리가 서로 나누는 인사와 대화 속에서 무한 신뢰가 쌓이고, 직장과 가정 공동체가 활기를 띠게 될 것입니다. 아침에 가족이 서로 인사합시다. 행복한 아침이 시작될 것입니다. 저는 아침에 아내와 아이들에게 축복하고 인사하고 꼭 안아 줍니다. 그러면 행복과 건강이 덩달아 따라옵니다.

혹시 걱정과 불안, 근심이 몰려오는 아침이라도 미소를 지으며 인사해 봅시다. 우리가 그리스도인이 되었다는 것은 행복할 수 없는 상황에서도 행복해졌다는 뜻입니다. 우리에게 기쁨과 행복을 주시는 주님 때문입니다. 먼저 인사하고 미소를 선물해 보세요. 대부분 행복한 미소와 인사로 돌아올 것입니다. 행복한 미소와 인사 한마디가 생명을 살립니다.

존중하는 마음

행복이라는 맛을 결정하는 것은
긍정이라는 양념이다.
_두브라브카 밀코믹, 크로아티아 심리학자

학교 다닐 때 미팅이나 소개팅을 하면 으레 출신, 고향, 나이, 사는 곳, 심지어 혈액형까지 물어봅니다. 그래서 같은 답이 나오면 반가워합니다. 사람들은 자기와 비슷한 사람을 찾고 사귀고 대화하고 친하게 지내고자 합니다. 서로 마음이 맞으면 이해도 잘되고 잘 들어주니 그렇기도 합니다.

그런데 서로 다르다는 것을 존중하지 않는 경향이 있습니다. 또 다름으로 좋은 점이 있다는 사실을 무시하는 경향이 있습니다. 행복한 마음을 가지기 위해서는 서로의 다양성을 인정하고 존중해 주어야 합니다. 다양한 것들을 통해 유익한 점을 발견하는 통찰력이 열려야 합니다.

누구나 똑같다면 세상은 재미없을 것입니다. 우리 인생은 각자 다르기에 역동적이고, 재미가 있습니다. 그러나 의외로 다른 점을 인정하지 않고 스트레스를 받는 사람들이 많습니다. 자신과 다름을 용납하지 못하고 전전긍긍합니다. 그러면서 어느덧 행복해하지 않습니다. 다른 점을 고쳐서 자신과 비슷해지기를 바라는 마음이 들 때부터 불행해지기 시작합니다. 차이를 인정하고, 그 차이로 다양한 축복을 만드는 공동체를 만드시길 바랍니다.

모두가 획일적으로 같은 세계에서 산다면 과연 행복할까요? 루마니아, 폴란드, 체코, 헝가리, 라오스, 캄보디아 등 예전의 공산주의

국가들이 취한 것이 획일성입니다. 다르다는 것으로 사람을 죽이고 격리시키고 다양성을 말살해 버렸습니다. 불행했습니다.

　서로 다른 점을 존중하고 인정해 주어야 모두가 행복해집니다. 각자가 건강한 자존감을 가질 수 있습니다. 서로 다르면 '그럴 수도 있지' 하고 생각하는 순간 행복은 시작됩니다. 다르다는 것은 틀린 것이 아닙니다. 다른 것은 곧 틀린 것이라는 공식을 이미 뇌리 속에 고정시켜 놓았기 때문에 우리는 곧잘 불행해진다는 것을 명심하십시오.

07

감사하는
마음

감사하는 마음은
행복으로 가는 고속도로다.
_미하엘 아이드

이 시대는 편리하고 좋은 것들이 참 많습니다. 그래서인지 사람들은 웬만해서는 감사하지 않습니다. 돌아보면 감사할 것이 얼마나 많은지 모릅니다. 마시는 물, 호흡하는 공기, 따뜻한 아침 햇살과 햇볕, 지난밤에 우리를 포근히 감싼 이불, 내 앞에 놓인 밥상, 떠드는 아이들, 건강한 몸, 안락한 집, 새소리, 커피 한 잔하며 조용히 묵상할 수 있는 여유, 그 시간에 어김없이 탈 수 있는 버스와 지하철 등 이루 말할 수 없이 많은 감사가 우리 일상에 보석처럼 박혀 있습니다.

일상에서 감사를 두 배로 찾아내면 인생을 두 배로 사는 것입니다. 일상에서 감사를 열 배로 찾아내면 인생을 열 배로 사는 것입니다. 감사는 자족과 만족을 줍니다. 잃어버린 것을 불평하지 말고 잃기 전까지 주신 것을 감사합시다. 없는 것을 불평하지 말고 있는 것에 감사합시다. 감사는 삶을 풍요롭게 합니다. 일상의 감사에 눈뜨면 삶에 기쁨이 넘칩니다.

일상을 아무 일 없이 사는 것은 결코 평범한 일이 아닙니다. 아침에 일어나 출근하고 퇴근하는 일상은 기적입니다. 70조 개의 세포가 하나도 이탈하지 않고 정상 작동하는 것도 기적입니다. 보고 듣고 말하고 걷고 먹고 생각하고 움직이는 모든 것이 감사요, 기적입니다.

'나는 그리스도인'이라는 은혜로운 고백과 '그래서 감사하다'는 구원의 감격은 평생 기적을 경험하며 사는 행복의 원동력입니다. 분명한 정체성을 가지고 감사하며 사는 것, 여기에 마르지 않는 생명이 있습니다. 더 좋은 것, 더 편한 것을 찾아도 영적 갈증은 해소되지 않습니다. 오직 영적 행복의 열쇠는 하나님만 갖고 계십니다.

하나님 한 분으로 감사합시다. 감사하지 않고 불평하면 하나님의 행복이 들어오지 못합니다. 감사하지 않고 원망하면 하나님의 은혜가 들어오지 못합니다. '날 구원하신 주 감사'라는 찬양가사처럼 매 순간 감사를 발견하고 누리면 기쁨의 삶이 됩니다. 감사 없는 분주함은 지옥 바로 옆방에서 사는 것입니다. 오늘도 푸른 하늘을 바라보며 주님 덕분에 모든 것에 감사하는 행복한 하루가 되길 소망합니다.

> "항상 기뻐하라 쉬지 말고 기도하라 범사에 감사하라 이것이 그리스도 예수 안에서 너희를 향하신 하나님의 뜻이니라"(살전 5:16-18).

암으로 고통받기에는 젊어 보이는 30대 후반의 부부와 세 분의 가족이 외래로 오셨습니다. 부인은 양측 유방뿐만 아니라 겨드랑이와 뼈까지 전이된 말기암 환우였습니다. 믿음이 좋은 오빠가 너무 극단적이면 안 된다며 치료하면서 기도하라고 했지만, 환우는 의사의 치료를 거부하고 시기를 놓쳐 지금은 기도원에서 기도만 한다고 했습니다. 하나님께서 고쳐 주실 줄 믿기에 눈물도 나오지 않는다고 했습니다. 울어 본 지도 참 오래되고 눈물이 말라 버렸다고 했습니다. 울고 싶으면 참지 말고 우시라고 했습니다. 그게 건강하다고 했습니다.

누가 이분의 눈에서 눈물을 마르게 했을까요? 참 안타까웠습니다. 부부를 서로 안아 주게 하고 축복하게 하니 갑자기 우셨습니다. 그리고 환우를 위해 기도하니 가족 모두가 눈물을 흘렸습니다. 제게 감사하다고 하기에 하나님께 감사하라고 하니 이제 가족 모두 예수님 잘 믿고 교회 생활을 잘하겠다고 했습니다.

조금 뒤에 오신 40대 환우는 위종양으로 다른 병원에서 수술을 받고 재발되어 오셨습니다. 이분은 자리에 앉자마자 자신의 병세를 설명하고 "나 더 살아야 해요. 아이들이 어리고 할 일이 아직 많아요" 하며 펑펑 우시는데 참 안타까웠습니다. 저는 계속 위로의 말씀을 전했고, 그분은 늘 잘 운다며 실컷 울고 나면 시원하다고 했습니다. 그리고 같이 기도하니 더욱 눈물을 흘렸습니다. 그래도 이분이 앞의 환우보다 행복한 분이다 싶었습니다.

이날은 서로 대조되는 환우를 만났습니다. 눈물이 말라 버린 환우와 눈물로 하루하루를 보내는 환우가 그들입니다. 두 사람을 보면서 울고 싶을 때 눈물 흘릴 수 있음이 하나님의 크신 은혜라는 생각이

들었습니다. 그리고 눈물 흘릴 일이 없는 건강한 우리가 얼마나 행복한 사람인지 마음 깊이 감사드렸습니다.

오늘 하루라도 '내가 암 환우로 어제 죽었어야 했는데 주님의 은혜로 지금 덤으로 살고 있다'고 생각해 보시기 바랍니다. 그러면 자신이 얼마나 행복한 사람인지 알게 될 것입니다.

저는 병원에서 많은 환우들을 만났습니다. 그런 환우들을 보면서 느낀 것 중 하나는 내가 얼마나 축복받은 사람인가 하는 것입니다. 호흡기병으로 숨 쉬는 것이 불편한 환우도 있는데, 나는 자유롭게 숨 쉬니 얼마나 감사한지요. 후두암이나 구강암으로 말을 제대로 할 수 없는 사람도 많은데, 나는 말을 자유롭게 할 수 있으니 얼마나 감사한지요. 식도암이나 위암으로 제대로 먹고 마실 수 없는 사람도 많은데, 나는 식사 때마다 무엇을 먹을까 고민까지 하니 얼마나 큰 축복입니까? 대장암·직장암·항문암으로 용변을 제대로 보지 못하는 사람도 많은데, 나는 용변을 잘 볼 수 있으니 얼마나 감사한지 모릅니다. 눈과 귀의 암으로 고생하는 사람도 많은데, 나는 잘 보고 들을 수 있으니 얼마나 감사한지요. 암으로 다리를 절단하고 잘 걷지도 못하는 사람이 많은데, 나는 잘 걸을 수 있으니 얼마나 감사합니까? 잠을 못 자서 고생하는 사람이 많은데, 나는 밤마다 잠을 잘 수 있으니 얼마나 감사한지요. 너무나 아프고 절망이 되어 웃으려고 해도 웃을 수 없고, 울려고 해도 울 수 없는 사람도 있는데, 잘 울고 웃을 수 있으니 얼마나 감사한지 모릅니다.

이 모든 것에 감사하면서 많이 웃고, 감격이 되면 크게 울어도 봅시다. 대단한 복을 누리고 있음에도 당연히 받아야 하는 것으로 착각하기에 기쁨도 감격도 없는 게 아닌지요? 하나님의 자녀 됨에 감사하고 감격하면 오늘 하루가 더욱 아름답게 느껴질 것입니다.

하나님께서는 참으로 소중한 것을 우리 모두에게 공평하게 나누어 주셨습니다. 우리는 부족한 것으로 불행하다고 여기면 그것 이상으로 하나님께서 주신 참 많은 축복을 누리지 못합니다. 웃고 울며 잘 감격하는 것이 행복입니다. 행복하고 좋은 신앙을 가지면 범사에 감격할 줄 압니다.

08

동행하는
마음

좋은 관계, 좋은 가정은
행복의
기적을 일으킵니다.

힘들고 어려워도 함께할 가족이 있으면 서로 힘이 되고 잘 견디게 됩니다. 함께한다는 사실만으로도 행복할 수 있습니다. 인생에서 고통은 필수적이라 곤경을 피할 수는 없지만, 어려워도 함께하면 쉽게 이겨 냅니다. 힘들고 고통스럽더라도 진심으로 사랑하는 가족과 아름다운 동행을 하면 고통의 시간이 빨리 흘러 지나가는 기적을 누립니다.

대가족 속에서 자라난 저는 식구들과 함께하는 기쁨이 늘 컸습니다. 여름이면 송도에 가서 함께 해수욕도 하고 해운대 백사장에서 행복하게 놀던 기억이 새롭습니다. 그 행복한 기억들이 지금까지도 고스란히 뇌리에 남아 있습니다. 그 행복한 기억을 떠올리며 어려울 때 참고 잘 이겨 내겠다고 다짐했던 것도 새록새록 생각납니다. 과거에 행복한 추억이 있는 사람은 또 다른 사람을 살립니다.

주님과 행복한 추억이 있는 사람은 망하지 않습니다. 오늘도 늦지 않았습니다. 지금 당장 우리 자녀들에게 행복한 추억을 선물하십시오. 인생도 여행도 누구와 함께하느냐에 따라 행복할 수도 불행할 수도 있습니다. 저는 늘 동행해 주는 아내가 있기에 행복하고 전혀 외롭지 않습니다.

가을이면 교회마다 '새생명축제'를 많이 합니다. 가을은 결실의 계절이요 영혼의 추수 때입니다. 강권하여 채워야 합니다. 그래서 교회마다 새 아이디어를 내어 최선을 다해 교회로 인도하고자 합니다. 가장 귀한 예수님을 꼭 싸구려처럼 파는 듯도 합니다. 인기인을 동원해 사람을 모으는 이벤트도 합니다. 하나님께서 참 안타까워하실 것 같다는 생각이 듭니다.

반면에 참부흥을 허락하실 것 같은 은혜로운 교회도 많습니다. 예전에 거제도에 있는 고현교회에서 주최하는 '예수생명축제'에 1박 2일로 다녀온 적이 있습니다. 교회가 은혜 가운데 성전과 교육관을 기공하고, 거제 복음화를 위해 모든 성도가 하나같이 수고하는 모습에서 많은 은혜를 받았습니다.

집회를 마치자 한 집사님이 배를 타고 가는 대신 헬기를 타고 가라고 권했습니다. 헬기는 소음이 심해 헤드폰을 끼고 타야 했습니다. 하지만 위에서 내려다보는 풍경은 그야말로 신기에 가까울 정도로 아름다웠습니다.

"여보, 진짜 경치가 멋지제?"

"예 좋아요, 너무 아름다워요."

"그래, 나도 참 좋다, 당신과 함께해서."

거제도에서 김해 공항까지 15분 만에 왔습니다. 푸른 바다와 다도해 섬들을 보았습니다. 사랑하는 우리 하나님과 여러 손길들에 참 감사했습니다. 아내의 손을 꼬옥 잡고 하나님께서 인도해 주심에 감사하며 더더욱 주님을 잘 섬기자고 다짐했습니다. 부부는 떨어질 때보다 함께할 때 더 강합니다.

그날이 저희 부부의 결혼기념일이었습니다. 바쁘게 살다 보니 결혼기념일도, 생일도 자주 잊고 삽니다. 그러나 이날만큼은 우리 주님께서 이렇게 멋지게 챙겨 주셨습니다. 아름다운 거제도로 결혼기념 여행을 보내 주신 것입니다. 얼마나 행복하고 환상적인 여행이었는지 모릅니다.

예전에 제가 드렸던 기도가 생각났습니다.

"하나님, 먼 곳으로 집회 가는 게 힘들어요. 헬리콥터 태워 주셔야 집회 갈 수 있을 것 같아요."

"하나님, 이곳저곳 찾아서 혼자 운전하고 다니기가 참 많이 힘들어요."

우리 하나님은 그렇게 드린 기도에도 응답하십니다. 참으로 놀라운 분이십니다. 하나님은 살아 계십니다.

거리가 멀고 1박 2일 집회로 피곤할 수도 있었지만 아내가 동행해 주어서 참 행복했습니다. 부부가 함께 이 사랑을 누리며 나눈다면 우리는 얼마든지 행복할 수 있습니다. 가족이 함께 동행할 때 하늘의 기적은 언제나 일어납니다.

09

미소 짓는
마음

내가 웃으면
세상은 나를 향해 웃어 준다.
_데이비스 G. 마이어스

저는 잘 웃습니다. 싱거운 소리도 잘 합니다. 그래서 어릴 때 별명이 '싱겁이'였습니다. 지금도 그 습관이 그대로 남아 모임에서 제가 먼저 웃겨 드립니다. 썰렁해도 웃깁니다. 웃기다 보면 빵 터져서 다 웃습니다. 이 책을 읽는 독자들도 많이 웃길 바랍니다. 매일 웃길 바랍니다.

웃음은 하늘이 내린 가장 좋은 자연 치료제요 천연 항암제입니다. 웃으면 뇌신경 전달 물질이 많이 분비되어 면역세포를 많이 생산합니다. 그러면 하루에 5,000~1만 개 정도 생기는 암 세포를 무력화시킵니다. 이제 의학계에서도 심신요법의 일환으로 웃음 효과에 주목하고 있습니다.

저는 암 환우들에게 최초로 웃음 치료, 눈물 치료, 가족 치료를 도입한 외과교수입니다. 이제 서울대학교 암 병동에서도 암 환우들에게 웃음 치료를 진행하고 있습니다.

"별로 놀라지 않으시는데, 이거 놀라운 일입니다."

"이제 비웃으시네요. 제가 보지 않아도 다 압니다."

"웃음은 건강에 도움이 되어도 비웃음은 결코 도움이 되지 못합니다."

웃으셨죠? 이렇게 웃으면 행복해집니다. 행복해서 웃는 것이 아니라 웃다 보면 행복해집니다. 만날 때부터 웃음으로 환하게 화답하는 사람이 있는가 하면 계속해서 인상 쓰고 얼굴에 짜증이 가득한 사람이 있습니다. 웃음이 가득한 사람은 만나도 만나도 질리지 않고 다시 만나고 싶어집니다. 마음도 푸근해지고 시간 가는 줄 모르며 계속 함께 있고 싶어집니다. 참 행복합니다.

"웃음을 네 입에, 즐거운 소리를 네 입술에 채우시리니"(욥기 8:21).

환우들 가운데도 잘 웃는 분이 있는가 하면 좀처럼 웃지 않는 분도 있습니다. 잘 웃는 분은 질병도 잘 극복합니다. 암으로 투병하는 환우들의 환한 미소와 웃음은 오히려 저를 위로도 합니다. 울산에 사는 환우 분은 정말 잘 웃으시는데, 저희 병원에 외래진료를 받으러 오실 때마다 "교수님, 잘 지내셨어요!" 하고 웃으며 인사하고 오히려 바쁜 저를 측은하다며 늘 위로하십니다. 누가 의사고 누가 환우인지 모를 지경입니다. 얼마나 감사한지요. 늘 새벽마다 저를 위해 기도한다며 한 달간의 이야기를 들려주며 잔잔한 사랑을 나눕니다. 병이 깊어 걱정을 했는데 지금까지 재발하지 않고 13년간 건강하게 잘 지내고 있습니다.

그에 반해 늘 짜증내고 인상을 찌푸린 환우들은 그 경과도 좋지 않을 때가 많습니다. 내가 코미디언처럼 변장하고 코주부 안경을 쓰고 손을 흔들고 웃겨도 좀처럼 웃지 않습니다. 좀 웃어 보라고 채근해도 "뭐 웃을 일이 있어야죠" 하십니다. 그러면 환우 분들을 웃겨 보려고 코미디언이 된 제가 머쓱해집니다.

어린아이처럼 웃길 바랍니다. 어린이는 하루에 200~300번 웃습니다. 그러나 성인은 하루에 17번 정도 웃는다는 보고도 있습니다. 장수촌에 사는 사람들은 잘 웃는다는 연구보고도 있습니다. 웃음은 하늘이 내린 최고의 명약이요, 보약입니다.

우리나라의 정치, 경제, 사회가 IMF 때보다 더 어렵다고들 합니다. 그래서 우울증 환우가 양산되고 있습니다. 이런 때일수록 우리는 삶의 현장에서 많이 웃어야 합니다. 웃음은 천연 정신신경안정제입니다. 암 환우와 불면증 환우가 웃음과 눈물 치료로 낫습니다. 우리의 이웃을 위해 웃음 캠페인을 전개하면 어떨까요?

타인과 눈이 마주치면 미소나 웃음으로 화답합시다. 나부터 많이 웃도록 합시다. 웃음을 통해 지치고 힘든 이웃의 처진 어깨를 위로해 줍시다. 오랜 투병으로 지쳐 포기하고 싶은 사람들에게 웃음과 미소를 전하면 그들은 삶의 용기를 얻게 됩니다. 우리가 겪는 현재의 고통과 고난을 바라보기보다 하나님을 향해, 우리와 더불어 살아가는 사랑하는 이웃을 향해 이제 한껏 웃어 보기 바랍니다.

《데일 카네기의 인간관계론》에 이런 글이 있습니다.

미소는 돈이 들지 않지만 많은 일을 합니다.

미소는 받아서 부유해지지만 준다고 가난해지지 않습니다.

미소는 순식간의 일이지만 영원히 기억에 남습니다.

미소가 없어도 될 만큼 부유한 사람도 없고.

그 혜택을 누리지 못할 만큼 가난한 사람도 없습니다.

미소는 가정에서 행복을 만들어 내고.

사업에서는 호의를 불러일으키며.

친구 간에는 우정의 징표가 됩니다.

미소는 피곤한 사람에게는 안식이며.

실망한 사람에게는 새날이며.

슬픈 사람에게는 햇살이며.

곤경에 처한 사람에게는 자연이 주는 최상의 처방입니다.

쓸데없는 걱정 근심을 버리고 웃어 보세요. 웃음은 영원히 공짜입니다. 매일 복용하시기 바랍니다. 습관적으로 웃음을 드시고, 많이 드십시오. 사명으로 웃으십시오. 바보처럼 웃으세요. 웃음 바보는 암에 걸리지 않습니다. 부작용, 후유증, 합병증도 없습니다. 웃음은 곧 행복입니다.

100명이 사는 마을 속

행복

　지구상에는 70억여 명이 살고 있지만, 만약 이를 100명이 사는 마을로 줄여 본다면 어떨까요? 《세계가 만일 100명의 마을이라면》 책을 보면 이렇게 소개되어 있습니다.

　100명 중 52명이 남자이고, 48명이 여자입니다. 30명이 어린이고, 70명이 어른입니다. 그 중 7명이 노인입니다. 70명이 유색인종이고 30명이 백인입니다. 61명이 아시아인이고, 13명이 아프리카인, 13명이 남북 아메리카인, 12명이 유럽인, 나머지는 남태평양 지역의 사람입니다. 33명이 기독교, 19명이 이슬람교, 13명이 힌두교, 6명이 불교를 믿고 있습니다.

　20명이 영양 상태가 충분하지 않고, 한 사람은 아사 직전입니다. 하지만 15명은 비만 상태입니다. 6명이 모든 부(富)의 59%를 독점하고 있고 전부 미국인입니다. 74명이 부의 39%를 갖고 있으며, 20명은 겨우 2%를 나눠 갖고 있습니다. 75명이 먹을 것을 비축하고 있고, 비바람을 피할 곳이 있습니다. 그러나 나머지 25명은 그렇지 못합니다. 17명은 깨끗한 물을 마시지 못합니다. 마을에서 한 사람이 대학을 나왔고, 두 사람이 컴퓨터를 갖고 있습니다. 그러나 14명은 글을 읽지 못합니다.

만약 당신이 체포나 고문 또는 죽음을 겁내지 않고 신앙과 신조, 양심에 따라 무엇인가를 할 수 있고, 말을 할 수 있다면 그렇지 못한 48명보다 복을 받은 것입니다. 만약 당신이 공습이나 습격 및 지뢰에 의한 살육, 무장집단의 강간이나 납치를 겁내지 않아도 된다면 그렇지 못한 20명보다 복을 받은 것입니다.

당신이 먼저 사랑해 주십시오. 당신과 다른 사람이 이 마을에 살고 있다는 사실을 잊지 마십시오. 만약 많은 '우리가' 이 마을을 사랑한다는 것을 안다면, 아직 늦지 않습니다. 사람들을 갈가리 찢어 놓는 옳지 못한 힘으로부터 이 마을을 구할 수 있습니다, 반드시. 지금 당신은 몇 번째로 행복하십니까?

10

자신을
사랑하는 마음

자신을 사랑하는 사람은
불안정한 여건과 환경에서도
마음을 잘 다스립니다.

밴쿠버에서 코스타 집회를 인도할 때 한 집사님이 자신의 집에서 숙식을 제공해 주셨습니다. 더욱이 온몸에 65% 화상을 입고도 기적적으로 살아나 하나님 안에서 새 삶을 사는 이지선 자매와 어머니, 그리고 김형준 목사님, 박인용 목사님, 강준민 목사님, 박수웅 장로님, 이만열 교수님, 라준석 목사님, 손봉호 장로님 등 강사 분들과 함께 지낼 수 있었습니다. 만남의 행복이 가득한 귀한 교제의 시간이었습니다.

놀라운 일은 이지선 자매가 화상을 입어 자신의 예쁜 얼굴을 알아볼 수 없을 만큼 상처를 입고도 전혀 아랑곳하지 않고 밝게 생활하는 것이었습니다. 사실 그 정도의 상처면 의학적으로 정신과 치료를 받아야 할 만큼 심각한데도 밝고 맑게 웃으며 생활하고 있었습니다. 하나님을 찬송하고 감사드리며 살아가는 모습을 보며 강사님들이 오히려 더 많은 은혜를 받았습니다.

지금까지 11번의 수술과 죽음을 넘나드는 고통과 갈등을 견뎌 낸 아름다운 의지를 보여 준 이지선 자매는 이제 화상 환우가 아니라 하나님의 메시지를 전하는 건강한 사역자였습니다.

하나님께서 허락하신 저마다의 개성 있는 얼굴이 있음에도 유명 연예인의 모습으로 탈바꿈하려고 성형수술을 감행하는 젊은이들이 있습니다. 외모지상주의에 영혼을 팔고 자기 자신까지 잃어버리는 요즘 젊은이들에게 이지선 자매는 그 자체로 하나님의 메시지였습니다.

여자들은 좌뇌가 발달해서 청각과 촉각에 예민합니다. 그래서 사랑한다고 속삭이는 말과 스킨십에 약합니다. 반면에 남자는 우뇌가 발달해서 시각과 미각과 후각에 예민합니다. 그래서 여자들이 화장을 하고 향수를 뿌립니다. 이성에게 잘 보이고 싶어 하는 욕구가 도를 넘어서 성형수술도 불사합니다. 현재 우리 사회에 만연해 있는 왜곡된 미인상과 외모지상주의, 외모콤플렉스 등이 성형수술을 조장합니다.

사실 성형수술이 필요한 경우도 있습니다. 화상을 입거나 신체 부위의 한 부분이 비정상적이라서 재활의학적인 측면과 정신적인 피해와 이상을 방지하기 위해서, 또 자신감과 사회성을 회복하기 위해서 성형수술이 필요할 때가 있습니다. 그러나 내면을 아름답게 가꾸고 사랑한다면 구태여 우리의 하나뿐인 육체에 많은 투자를 해야 할 필요는 없을 것입니다.

예뻐지고 싶은 욕망은 이해하지만, 그보다 더 소중하고 귀한 것을 준비하고 가꾸었으면 합니다. 이지선 자매처럼 자신의 모습에 당당함으로써 인생이 더욱 아름답게 빛나기를 바랍니다.

우리가 성형수술을 하고서 천국에 가서 하나님을 뵈올 때 하나님께서 우리를 알아보지 못하고 "넌 누구냐?" 하시면 어쩝니까? 지금 모습 그대로 사랑하며 당당하게 삽시다. 나를 사랑하며 자존감을 갖는 것이 예뻐지는 지름길이요, 행복한 마음입니다.

"내가 주께 감사하옴은 나를 지으심이 심히 기묘하심이라 주께서 하시는 일이 기이함을 내 영혼이 잘 아나이다"(시 139:14).

사랑을
나누는 마음

행복한 사람은 언제나 사랑을 나눌 수 있는
행복한 가정과
건강한 공동체를 가지고 있습니다.

행복의 조건에 대한 설문조사에서 '누구와 있을 때 가장 행복한가?'라는 질문에 '가족'이라고 답한 사람이 55.8%였습니다. 그다음은 '친구'(14.6%), '혼자 있을 때'(12.6%)였습니다. 그런데 재미난 통계는 관계 스트레스 1위가 배우자(40.5%), 2위가 자녀(23.8%)입니다. 가족이 행복과 불행의 대상이 된다는 것입니다.

사람들은 가족이 자신을 버릴 수 없기 때문에 무례하게 대하는 경향이 있습니다. 그러나 가족 간에는 더 많은 사랑과 예의가 필요합니다. 서로를 고치려는 마음을 접고 오히려 무조건적인 사랑으로 용납하고 받아들일 수 있다면 더 행복한 가정이 될 것입니다. 70억 사람 중에 우리 가정으로 보내 주신 놀라운 기적이 가족의 얼굴에, 모습에, 습관에, 성질에, 성격에 서려 있습니다. 함께한다는 것은 신비한 일입니다. 그러나 함께하면서 그 신비를 곧 잊어버려 행복해하지 않습니다. 가족이 함께 서로 사랑하고 나누며 일상을 사는 것은 참 신비하며 행복한 것입니다.

몇 해 전에 미국 하트퍼드 모 교회에서 3일간 집회를 인도했습니다. 아내가 동행해서 참 행복했습니다. 한 목사님께서 휴식 시간에 조나단 에드워즈 생가를 구경시켜 주시겠다고 했습니다. 책과 말씀으로 많은 은혜를 받은 조나단 에드워즈 생가를 방문할 수 있다니

기대가 되고 감격스러웠습니다. 아내와 함께 참 은혜로운 방문이었습니다.

우리가 방문했을 때 그분의 생가는 개인집으로 바뀌었고, 그곳이 생가였다는 표지판만 있었습니다. 영적 거장의 생가라고 하기에는 초라하기 그지없었습니다. 그리고 아버지 시몬스 에드워즈 목사님이 사역하신 교회에도 들러 기도하고 둘러보았는데 마침 바자회를 열고 있었습니다. 많은 분이 자유롭게 대화하고 교제를 나누는 것이 모두 에드워즈 가문의 먼 친척이요 형제들이 아닌가 생각되었습니다. 그 지역의 모습만큼이나 모두 평화롭게 보였습니다.

청교도 후예들과 같이 묻혀 있는 시몬스 에드워즈의 묘지에도 가 보았습니다. 모든 것이 다 초라했습니다. 그러나 참 좋았습니다. 위대한 영적 거장의 묘가 화려했다면 좀 민망했을 것입니다. 소박한 무덤을 보고 좋은 믿음의 유산을 후대에게 남긴 조나단 에드워즈가 더 좋아졌습니다. 조나단 에드워즈 부부는 자녀들에게 함께 사랑하며 나누며 사는 것만 보여 주었다고 합니다. 자녀들은 부모님처럼 행복하게 살고 싶다고 했답니다. 그리하여 위대한 후손들이 많이 나왔습니다.

또한 그날 유명한 작가인 마크 트웨인이 살던 집도 방문했습니다. 작가로서의 명성과 호화로운 생활을 한 흔적들이 여기저기 기념관에 가득했습니다. 마크 트웨인의 집은 그 당시 가장 유명한 건축가가 지었다고 합니다. 매우 화려하고 넓은 곳이었습니다. 그러나 그 가문의 후손들은 잘 알려져 있지 않았습니다.

조나단 에드워즈와 마크 트웨인의 생가를 보고 돌아오는 길에 우리 자녀의 가슴에 신앙의 가치와 믿음을 전해 주는, 신앙의 유산을 남겨 주는 부모가 되기를 다시 한 번 다짐했습니다. 그것이 대를 이어 행복하게 사는 지름길이라 생각합니다.

자녀에게
본이 되는 마음

행복한 본이 될 때
자녀들이
행복할 수 있습니다.

우리는 다양한 사람들과 함께 삽니다. 70억 인구 중에서 한 배우자를 만나 한 가정을 이루고 삽니다. 사람들은 참 다양해서 가족이라도 이런저런 사람이 있고 독특함으로 서로 싸울 때가 많습니다. 부부라도 서로 성격과 모습이 다릅니다. 그러나 가정에서 이뤄야 할 큰 가치는 공유하고 있기에 서로 다른 역할과 활동을 하며 조화를 이룹니다.

가정에서 부부와 자녀들이 똑같은 성격과 모습, 행동을 한다면 참 재미없을 것입니다. 서로 다름을 받아들이지 않는다면 불행해지지만, 서로의 다름을 인정한다면 행복해집니다. 서로 다른 성격과 모습으로 태어난 것을 인정해 준다면 더 행복할 수 있습니다. 가족이라도 서로 다름을 인정하고 존중하고 보호해 주어야 합니다. 그럴 때 우리는 가정 안에서 다양하면서도 일치한 마음을 갖고 행복할 수 있습니다.

저는 다소 이상주의자요 기분파입니다. 그러나 아내는 현실주의자요 계획성 있는 사람입니다. 한 번씩 부딪치기도 하지만 아내는 적당히 저의 질주에 제동을 겁니다. 그랬기에 23년의 결혼생활 동안 행복했습니다. 아마도 제 기분대로 살았다면 우리는 참 힘들었을 겁니다. 우리는 잘 싸우지 않습니다. 우리 부부가 뭐 대단한 인격자여서가 아닙니다. 서로의 성격을 알고 지켜야 할 선을 과도하게 넘지 않기 때문입니다. 서로를 인정하며 사는 지혜를 조금 빨리 깨달았기 때문입니다. 그것이 우리 부부가 오래 행복을 누리는 방법이었습니다. 이러한 모습을 보여 주고 사니 아이들도 행복해 보이는 부모를 보고 행복을 느끼는 듯합니다.

자녀교육과 치유는 참 비슷합니다. 자녀교육도 치유도 자신 속에 있는 것을 발견하게 하고 감격하게 해주는 것이라고 생각합니다. "오, 나에게 이러한 면이 있었네", "대단해", "멋져", "나는 행복해", "난 가치가 있어", "난 치유될 수 있구나", "난 살아야 해", "난 축복 받은 존재야"라고 스스로 말하게 하는 것입니다.

우리 나라가 가난했을 때는 모두 같은 교육을 받고 경쟁했습니다. 치료도 똑같이 받고 만족해했습니다. 그러나 이제는 같은 교육이 아니라 서로 다른 맞춤교육, 맞춤치료를 제안합니다. 한 사람 한 사람 을 소중하게 여기는 인격교육, 인격적인 치유가 필요합니다.

인격의 4요소는 지식, 마음, 의지, 건강한 몸입니다. 이 중심에 늘 우리 주님께서 계십니다. 인격의 균형감각을 가져야 합니다. 앞으로 한 사람 한 사람에게 맞는 교육과 치유가 행해지길 바랍니다. 믿음, 소망, 사랑이 있는 교육과 치료야말로 사람을 살립니다.

가정에서도 자녀에게 맞는 사랑과 맞춤교육이 필요합니다. 무엇 보다 자녀의 가능성을 믿어 주고 기다려 주는 것이 필요합니다. 사실 자녀는 부모가 100가지 잘해 주고도 한 가지 잘못하면 그 한 가지를 기억하며 섭섭해합니다. 이다음에 부모가 되어야 그 마음을 알게 됩니다.

그러나 우리가 자녀를 품고 축복하고 기다려 주면 자녀들은 장차 훌륭한 사회인이 되어 이 나라와 민족을 위해 쓰임 받게 될 것입니다. 자녀를 위해 사랑하고 기도합시다. 가족관계를 당연하게 여기지 마십시오. 가족 간에 서로 스트레스를 받으면 행복도 기쁨도 사라지고 맙니다. 부부는 자녀에게 조용한 모범이 되어야 합니다. 서두르지 말고 참고 인내하고 기다려 주어야 합니다. 자녀들은 부모의 뒷모습을 보면서 배우니까요.

치료도 마찬가지입니다. 의사는 환우의 치유 가능성을 믿고 긍정해 줘야 합니다. 우리 사회가 얼마나 긍정적이지 못하면 《긍정의 힘》이란 책이 베스트셀러가 되겠습니까? 우리가 얼마나 목적 없는 인생을 살면 《목적이 이끄는 삶》이란 책이 베스트셀러가 되겠습니까? 우리의 자녀도, 환우들도 그 가능성을 긍정해 주고 믿어 줍시다. 자녀들에게는 소망과 비전을 발견케 해주고, 환우들에게는 그 아픔의 뜻과 비전을 발견케 해주면 아마도 지금의 힘든 고통과 어려움도 축복이 될 것입니다.

"너희의 믿음의 역사와 사랑의 수고와 우리 주 예수 그리스도에 대

　한 소망의 인내를 우리 하나님 아버지 앞에서 끊임없이 기억함이니"

（살전 1:3）.

사랑해 줍시다. 사랑하면 모든 것을 견딜 수 있습니다. 바라보는 시각과 생각하는 관점을 바꾸는 것이 진정한 사랑입니다. 하나님을 사랑하고 이웃과 무엇보다 나 자신을 사랑합니다. 병든 나 자신일지라도 사랑하면 치료됩니다. 그러다 보면 완전한 치유가 나타날 수도 있습니다. 내 속에 있는 것에 감격해 봅시다. 내 안에 주님이 계시고 그 주님이 가르쳐 주시고 치유해 주시면 고통 가운데서도 귀한 기적의 역사가 나타날 것입니다. 자녀교육과 환우 치료에도 믿음, 소망, 사랑이 가장 중요합니다.

가족이라도 다름을 축복으로 받아들이고 서로 사랑해 준다면, 부부가 자녀들에게 본보기가 된다면, 우리는 더 크고 다양한 행복을 누리게 될 것입니다.

언제나
따뜻한 마음

반려동물은 말없는 치료사입니다.
우리가 동물을 마음대로 조절할 수는 없지만
사랑하는 동물이 우리의 마음을 움직일 수는 있습니다.

추울 때 따뜻한 차 한잔 혹은 어묵 하나와 따뜻한 국물이 우리에게 작은 행복을 줍니다. 따뜻한 말 한마디가 죽기로 마음먹은 사람의 인생을 살리기도 합니다. 어릴 적에는 겨울날 따뜻한 아랫목에 손을 넣으면 이내 시린 손이 따뜻해지며 행복했습니다. 따뜻한 아궁이 앞에 둘러앉아 고구마를 구워 먹던 추억, 온 가족이 막 쪄낸 감자와 옥수수로 파티를 열었던 추억, 모두 따뜻한 행복이었습니다. 함께 따뜻한 사랑을 나누기에 행복했고 따뜻한 온기로 행복했습니다. 각자의 눈동자 속에 우리 모두가 들어 있었습니다. 따뜻함은 곧 행복입니다.

얼마 전 아내와 이웃집 가족과 함께 양재동 예술의전당에 바람을 쐬러 갔습니다. 그 집에서 키우는 예쁜 강아지 한 마리도 같이 갔습니다. 실내에 있을 때는 몰랐는데 밖으로 나오니 날씨가 조금 쌀쌀했습니다. 이웃집 꼬마아이가 강아지를 안고 장난을 치다가 갑자기 물었습니다.

"엄마, 왜 강아지는 따뜻해?"

"응, 생명이 있으니깐."

"생명이 있으면 다 따뜻한 거야?"

"응, 살아 있으니까…."

아이와 엄마의 대화를 들으며 이런 생각을 했습니다. '믿음은 따뜻한 것이다. 믿음은 생명이 있기 때문이다. 생명이 있는 것은 따뜻하다.' 따뜻함이 생명을 살립니다. 따뜻한 사랑과 따뜻한 미소, 따뜻한 위로와 격려로 생명이 살아납니다. 그러므로 따뜻하면 행복해지는 것입니다.

의대 1학년 시절, 해부학 실습을 할 때가 생각납니다. 시신은 너무도 차가웠습니다. 호흡이 끊어져 신진대사가 멈추고 혈액순환이 정지되어 에너지가 생산되지 않기 때문입니다. 그러나 살아 있는 사람은 늘 따뜻한 체온을 유지합니다. 생명력 있는 그리스도인은 따뜻함이 있고 역동적이며 한결같습니다.

우리의 행복도 비슷합니다. '행복한가 불행한가'는 우리의 마음이 얼마나 따뜻한가에 달려 있다고 생각합니다. 따뜻한 마음은 어머니의 품속처럼 포근하게 대해 주며, 시골 외할아버지 방의 아랫목처럼 따뜻하게 품어 주는 마음이 아닐까요? 먼저 나누는 따뜻한 미소, 상대를 위한 따뜻한 눈길과 손길, 이런 것이 아닐까 싶습니다.

우리에게 예수 그리스도의 생명이 숨쉬고, 우리의 심장이 예수님의 심장이 되면 따뜻할 수 있습니다. 모든 일에 민감하고 상대를 위해 따뜻하게 배려할 수 있습니다. 그러나 우리가 지치고 피곤하면 성령 충만하지 않아 불행하다고 생각되면, 진심으로 상대를 배려할 수 없습니다. 그때는 따뜻한 마음이 될 수 없습니다. 따뜻한 마음을 갖지 못하면 행복한 마음이 사라지고 맙니다.

　행복한 마음은 우리의 삶을 통해 생산된 따뜻한 영적 체온을 잔잔히 나누어 줍니다. 상처 난 차가운 영혼을 그리스도의 심정으로 포근히 안아 줍니다. 계속 꼭 안아주면 우리의 따뜻한 체온이 전해질 것입니다. 지치고 의기소침한 싸늘한 가슴을 가진 이웃을 향해 우리의 손을 내밀어 그리스도의 체온을 느끼게 해주는 것이 행복한 마음입니다. 계속해서 손을 잡아 주면 차가운 상대의 손도 어느덧 따뜻해지고, 그 온기를 행복하게 나누게 됩니다. 냉랭한 이웃을 향해 따뜻한 미소와 말 한마디를 전하면 언젠가는 따뜻한 반향이 되어 돌아올 것입니다

　행복은 거창한 것이 아니라 삶의 현장을 따뜻하게 만드는 것입니다. 또한 우리 삶 속에서 만나는 이웃을 따뜻하게 품어 주는 것입니다. 행복은 따뜻한 마음으로 우리의 이웃을 위해 그리스도의 향기가 되어 주는 것입니다. 하나님께서는 오늘도 우리를 통해 따뜻함을 나눌 수 있는 행복한 현장을 주셨습니다. 따뜻하게 대해 주세요. 웃어 주세요. 행복은 언제나 따뜻합니다.

행복은 돈에 있지 않습니다

노벨상과 퓰리처상을 수상한 존 스타인백이 쓴 《진주》라는 소설이 있습니다. 그 소설의 내용을 간추리면 다음과 같습니다.

어느 바닷가의 가난한 어부 키노와 조안나 부부가 진주조개를 잡으며 살고 있었는데, 어느 날 부부는 바닷속에서 엄청나게 큰 값비싼 진주를 발견하게 되었습니다. 그래서 이제 '가난 끝 행복 시작'이라고 생각했습니다. 그 진주를 팔아 화려한 결혼식도 올리고, 좋은 집도, 사고 자녀도 잘 키울 거라고 꿈에 부풀었습니다.

그 소식이 동네에 퍼지자 병을 치료하던 의사는 부부의 병이 빨리 낫지 않게 이상하게 치료했고, 동네 사람들은 자주 부부의 집을 기웃거리고, 밤에 강도가 들고, 평소에는 연락이 없던 먼 친척이 도와달라고 합니다. 성당 신부도 큰 헌금을 기대하며 부담을 줍니다. 질투와 시기도 받게 됩니다. 부부는 주위 사람들을 의심하고 경계하기 시작하다가 불안을 느껴 집을 떠납니다. 강도와 싸우다 칼로 죽이기까지 합니다. 결국 진주 때문에 점점 기쁨이 사라지게 되었습니다. 부부는 상의 끝에 진주를 다시 바다에 던져 버립니다.

이처럼 복권 당첨되듯이 갑자기 물질이 생기면 오히려 행복과 멀어질 수 있습니다. 행복의 원천은 결코 돈이나 환경이 아닙니다. '진주'라는 말에는 아름다움, 고귀함, 순수함, 풍요로움 등 여러 가지 의미가 담겨 있습니다. 하지만《진주》를 통해서 우리는 이와는 전혀 다른 의미가 담겨 있음을 발견하게 됩니다.

진주로 인해 행복을 꿈꾸었지만 결국 그 진주로 인해서 파멸로 치닫고 말았습니다. 희망과 풍요로움의 상징이던 진주는 해변가에 굴러다니는 돌멩이보다 못한 존재가 되어버린 것입니다. 어쩌면 사악함이나 추악함이라는 극단적인 표현이 더 어울릴지도 모릅니다.

줄거리를 통해서 이미 짐작하신 분도 있겠지만 이 작품에서는 진주를 매개체로 한 두 개의 커다란 갈등 구조를 엿볼 수 있습니다. 행복은 진주도 돈도 아니라는 것입니다.

14

아내에게
전화하는 마음

사랑받으려면
먼저 사랑하고
사랑스런 사람이
되십시오.

우리나라만큼 휴대전화 보급률이 높은 나라도 드뭅니다. 현재 2명 중 1명이 휴대전화를 가지고 있습니다. 세계 제일의 고가 휴대전화도 우리나라 제품이라고 합니다. 공공장소에서도 휴대전화 소리가 크게 들리고, 집회와 모임 중에 갑작스레 울리는 전화벨 소리는 모두를 당황하게 만듭니다.

우리는 일상에서 전화를 많이 사용하면서 실제로 필요한 곳에는 전화하지 않을 때가 많습니다. 또한 불필요한 통화를 많이 하여 정작 위급할 때 전화 통화가 되지 않을 때도 있습니다. 전화가 우리 가까이에 있는데도 불구하고 귀가가 늦는다는 전화를 하지 않아 걱정하며 기다리는 아내들이 많습니다.

앞에서도 이야기했듯이 저는 하루에 세 번, 아내와 전화 통화를 합니다. 처음은 병원에 잘 도착했다고 전화합니다. 두 번째는 점심 식사 때, 식사를 잘하는지 궁금해서 전화합니다. 세 번째는 저녁 시간에 퇴근한다고 전화합니다. 이렇게 전화하면 꼭 집사람이 늘 옆에 있는 듯합니다.

퇴근이 늦어지거나 일이 생기면 아이들에게 전화합니다. 학교생활 등을 묻습니다. 오늘은 성엽이가 받아쓰기 시험을 못 봤다고 했습니다.

"그래? 괜찮아. 이다음에 더 잘 볼 거야" 하며 전화로 기도해 줍니다.

"하나님, 우리 성엽이 받아쓰기 잘 보게 지혜와 명철을 주세요."

이렇게 기도해 주면 시험을 못 치러도 위로를 받을 수 있습니다.

병원에 자주 오지 못하는 환우들을 위해서도 전화로 안부를 묻고 기도합니다. 전화가 얼마나 편리한지 모릅니다. 불필요한 전화를 줄이고 정말 필요로 하는 곳에 전화를 한다면 좀 더 아름다운 세상이 열릴 것입니다. 사랑하는 가족을 위해 사랑의 전화를 합시다. 사랑하는 가족은 오늘도 사랑하는 남편과 아버지의 목소리를 기다리고 있습니다.

사랑은 시간을 내어 가족에게 전화하는 것입니다. 전화로 사랑을 나누면 행복한 마음이 이내 밀려옵니다. 지금 당신의 전화가 아내와의 마지막 통화일 수도 있습니다. 자주 통화하십시오. 쓸데없는 데 전화하지 말고 우리 주님, 가족, 소중한 사람들에게 자주 전화하십시오.

가정상담가 딘 마틴(Dean Martin)이 아내들을 대상으로 '당신은 지금 좋은 남편을 만났다고 생각하십니까?'라고 물었습니다.

결혼 1년차 주부의 98%가 '예'라고 응답
결혼 2년차 주부의 56%가 '예'라고 응답

결혼 10년차 주부의 6%가 '예'라고 응답

결혼 20년차 주부의 95%가 '예'라고 응답

딘 마틴은 설문조사 결과를 다음과 같이 해석합니다.

'부부가 상대를 서로 이해하고 하나가 되기 위해서는 적어도 20년이 걸린다는 것입니다. 20년쯤 되어야 부부생활에 감사가 있고 철이 든다는 것입니다.'

저를 믿고 참고 이해하고 사랑해 준 제 아내에게 참 감사합니다. 그래서 저는 아내에게 자주 안부 전화를 합니다. 바쁘면 문자라도 보냅니다. 아내가 서운해하지 않도록 전화하는 행복한 부부가 되십시오. 부부가 행복한 것이 행복으로 가는 지름길입니다.

15

귀 기울이는
마음

들고, 듣고, 또 들으세요.
그리고 침묵하세요.
행복은 이미 당신 가까이에 조용히 와 있습니다.

결혼생활과 부부관계의 성패는 서로 상대의 이야기를 잘 듣는 것에 달려 있다고 해도 과언이 아닙니다. 화가 날 때 상대가 들어주고 맞장구 쳐주면 빨리 회복될 수 있습니다. 누군가 들어주고 있다는 사실에 마음의 평강을 찾게 되고 스스로 정리가 되어 '화낼 일도 아닌데', '그럴 수도 있지' 하는 마음이 됩니다.

그러나 부부로 몇 년을 살다 보면 슬슬 서로의 이야기를 귀담아듣지 않게 됩니다. 조금은 무시하고 흘려보냅니다. 그러다 보면 부부 사이가 꼬이게 되고 대화가 안 됩니다. 서로 자신의 의견을 들어주지 않는다며 불행하다고 생각하고, 잘못 듣고 화내고 열 받습니다. 급기야 같이 살지 못할 사람이라며 이혼까지 생각하게 됩니다. 부부 사이에 문제가 생겼음을 알려 주는 가장 뚜렷한 변화는 서로 말을 잘 듣지 않는다는 것입니다.

서로 이야기를 나누지 못할 때 행복은 사라지기 시작합니다. 우리가 대화를 나누는 이유는 문제 해결보다는 내 이야기를 들어 달라는 데 있습니다. 행복하고 싶으면 먼저 상대를 인정하고 상대의 말에 귀 기울이기 바랍니다. 잘 들어주면 소통이 이루어집니다.

암 환우들이 제게 와서 호소하는 것 중 하나는 의사들이 자신의 이야기를 잘 들어주지 않아 답답하고 화가 난다는 것입니다. 의사가 환우 한 사람당 이야기를 들어주는 시간이 6초라는 통계가 있습니다. 의사가 얼른 결론을 내어 환우의 말을 막아 버리기 때문입니다. 환우가 된 것도 불행한데, 병원에 가서 이야기를 들어주지 않는 의사들 때문에 더 불행해지는 겁니다.

그러나 저는 대개 30~60분 정도 환우의 궁금증을 풀어 드리고 충분히 대화를 나눕니다. 그래서 제게는 '이병욱 박사의 행복한 암 치료'라는 별명이 붙었습니다. 제가 환우들의 질문에 친절하게 답해 주고 들어주니 저희 환우들은 감사하게도 참 행복해합니다.

행복하려면 먼저 경청하십시오. 인내하며 말을 잘 들어주기 바랍니다. 자그마한 틈으로 큰 화를 자초할 수 있습니다. 지금 당장 무슨 말이든지 상대방의 말을 잘 들어주고 경청하십시오. 말을 끊지 말고, 끝까지 들어주십시오. 눈을 바라보십시오. 그러면 어느덧 상대가 "난 지금 참 행복하다"고 말하게 될 것입니다.

자녀의 말을 잘 들어주는 부모가 행복하고 훌륭한 부모입니다. 부모에게 이야기를 잘하는 자녀가 행복하고 훌륭한 자녀입니다. 연로하신 부모님께 최고의 선물은 시간을 내어 이야기를 잘 들어드리는 것입니다. 오늘 아내에게 필요한 것은 커다란 보석 반지가 아니라 그저 차 한잔 마시며 소곤소곤 이야기하는 것입니다. 행복하려면 경청하십시오. 행복이 우리 가까이 와 있음에 놀랄 것입니다. 지금보다 더 행복해지는 길은 서로에게 좋은 말벗이 되는 것입니다.

실패에 위축되지 않는
마음

행복은 찾기도 힘들고
소유하기는 더 힘들다.
에른스트 캐시러, 독일의 경제학자

실패 + 실패 + 실패 + 실패 + 실패 + 실패 + 실패 …= 성공

실패를 디딤돌로 삼아 행복한 미래를 열어 가십시오. 인생의 실패를 통해 행복한 추억을 만드십시오. 당신은 실패자가 아닙니다. 실패를 잠시 경험했을 뿐입니다. 몇 번의 실패를 통해 강한 통찰력을 얻게 됩니다. 역경 극복을 통해 하나님의 사람으로 더 성숙해져 갑니다.

우리가 주님을 믿는 한 우리는 성공하고 승리하게 되어 있습니다. 승리에 너무 조급해하지 마십시오. 조금만 더 기다리면 우리의 실패 바로 옆에 성공이 기다리고 있음을 알 것입니다. 힘든 상황 가운데서도 조금 더 낙천적으로 낙관적으로 낭만적으로 행복하다고 말하시기 바랍니다. 실패했어도 그 속에 펼쳐진 성공을 발견하시기 바랍니다. 끝없는 실패 속에 결국 성공한 결말이 기다리고 있음을 기대하십시오.

당당하게 실패하고 자신과 타인을 원망하지 마십시오. 심판하지도 마십시오. 자신 속에 나와 남을 비판하려는 생각을 침묵 모드로 바꾸십시오. 그러나 실패의 교훈과 유익은 다 누려야 합니다. 실패에 함몰되지 말고 벗어나야 합니다. 고민이 계속되지 않게 하십시오. 다시는 반복하지 말아야 합니다. 조금 비싼 수업료를 지불한 것

뿐입니다. 실패하면 안 된다는 마음에서 자신을 해방시키십시오. 실패했어도 내가 빼앗긴 것과 잃어버린 것은 없습니다. 아식 나는 살아 있고 건강하며 건재하다는 사실을 인정하십시오. 우리는 완벽하지 않습니다. 우리는 여전히 공사 중입니다. 실패 속에 가득한 행복을 누리시기 바랍니다.

17

칭찬하는
마음

칭찬과 격려는
상대의 존재를
인정해 주는 것
입니다.

우리 가족은 아침에 일어나면 서로 인사를 나눕니다.

"오, 놀라운 아침입니다."

"굿모닝, 좋은 아침!"

"잘 주무셨어요?"

가족인데도 만나면 반갑습니다. 사랑합니다. 괜히 기분이 좋습니다. 큐티를 시작하면서도 이렇게 말합니다.

"당신 때문에 살맛이 납니다."

"당신이 우리 가족이라서 너무너무 좋아요."

"당신 때문에 행복합니다."

"당신은 하나님의 일꾼입니다. 다 잘될 것입니다."

"사랑합니다."

제가 먼저 말하면 가족도 따라 하면서 서로 행복을 나눕니다. 서로 웃고 행복한 시간이 됩니다.

칭찬은 상대의 존재를 인정해 주는 것입니다. 서로 행복으로 띠를 묶는 것입니다. 아들 창엽이나 성엽이가 기도하면 칭찬합니다.

"우리 아들! 어떻게 이렇게 기도도 잘할까? 참 놀라워요!"

비판을 버리고, 지적을 하지 않고, 판단을 접고, 먼저 좋은 점을 칭찬하는 습관을 계발하십시오. 상대의 좋은 점을 더욱 많이 보도록 노력하십시오.

편의점, 야채가게, 세탁소 아저씨, 치킨 배달 청년 등 모두를 칭찬합니다.

"어떻게 이렇게 빨리 오세요? 비행기 타고 오셨어요? 이 집 치킨은 어떻게 이렇게 맛있어요? 중독되겠어요. 치킨에 무슨 짓을 한 거예요? 치킨이 이렇게 맛있어도 되는 겁니까? 맛있으니 이렇게 계속 시키잖아요!"

"세탁소 아저씨는 참 잘하세요. 빠르고 깨끗하게!"

"신문 감사합니다. 배달 사고 없이 늘 제때 배달해 주셔서 감사합니다."

경비원 아저씨, 상가 로비를 안내하는 아가씨 모두를 칭찬합니다. 야쿠르트 아주머니, 우체부 아저씨께도 음료수를 드리며 칭찬합니다.

간호사들에게도 칭찬합니다. 필리핀 의료선교 때 바인더북을 만들었는데 너무 잘 만들어서 칭찬했더니 더 잘합니다. 칭찬하는 제가 더 행복합니다. 칭찬받는 한 사람이 불행한 열 사람을 구합니다. 자살을 결심하고 출근한 직장인이 칭찬 한 마디에 자살을 안 할 수도 있습니다. 우리의 칭찬이 사람을 복되게 합니다. 죽어가는 사람을 살립니다.

18

뜻밖의
행복

세상은
예상하지 못한 행복으로
가득한 행복상자입니다.

우리는 살아가면서 예상하지 못한 일들을 무수히 경험합니다. 사실 우리 주변의 모든 일은 다 예상하지 못한 일들입니다. 그렇기에 우리는 미리 준비해서 대비합니다. 그러나 모든 것을 대비하지는 못합니다. 내 생각과 예상으로 사는 인생이 아니라 모든 것을 주관하시는 주님께 전적으로 맡기는 인생이 행복한 인생입니다.

아마도 주님께서는 우리로 하여금 늘 깨어 있게 하기 위해서, 또 의외의 은혜와 큰 행복을 주시기 위해서 우리에게 의외의 사건을 만들어 주시는지도 모릅니다. 또한 우리의 모든 것이 주님의 사랑과 은혜의 손길 위에 있다는 고백을 자주 들으시기 위한 작전인지도 모릅니다. 우리가 깨어 주님께 주목하고 있다면 하나님의 자녀로서 주님의 큰 은혜를 늘 누리게 될 것입니다. 예상하지 못한 일로 얻은 큰 행복을 우리 모두 누리기를 바랍니다.

부산의 재송제일교회에 집회를 인도하러 갔습니다. 서울에서 부산까지 가려면 반나절이 걸립니다. 그러나 주님의 사역이라 기쁜 마음으로 갑니다. 우리 인생이 늘 그렇듯이 예상치 못한 의외의 축복과 행복이 있습니다. 이는 주님의 일을 묵묵히 감당할 때 누리는 은혜입니다. 의외의 귀한 만남도 주시고 귀한 깨달음도 주십니다. 그리고 기차에서 잠을 청할 수 있는 감사도 있습니다. 차창을 통해 바쁜 사역 가운데 놓쳐 버린 자연이 변화하는 숨소리도 듣습니다. 그리고 묵상하고 기도합니다. 또 다른 저만의 시간입니다. '주님께서는 오늘 어떤 메시지를 강조하실까?'를 생각합니다.

옛날 친구들을 만나 식사할 수 있어서 행복했습니다. 부산대학교 사범대학교 대학원장인 정 교수가 부산역으로 마중을 나왔습니다. 고등학교 친구를 만나니 감사했습니다. 다른 친구들과 한정식집에서 만나기로 했습니다. 정 교수, 안수집사 두 명이 함께 식사를 했습니다. 우리가 나눈 대화도 세상 이야기가 아니라 천국, 하나님, 영광, 교회 이야기 등 주로 신앙 이야기였습니다. 언젠가 우리 가슴은 멋진 열매로 가득할 것입니다.

식사를 마치고 집회에 참석하려고 자리에서 일어나니 다들 서로 식사비를 계산하려고 합니다. 그러다 정 교수가 식사비를 냈습니다. 저는 정 교수에게 부인과 아이들에게 맛있는 케이크를 사주라며 얼마간의 돈을 챙겨 주었습니다. 이렇게 서로 나눌 수 있어 행복했습니다.

그러고 나서 교회로 갔더니 한 집사님이 저를 만나고 싶어 하셨습니다. 그분이 저를 만나더니 다음과 같은 말씀을 하셨습니다.

"몇 년 전에 우리 아이가 군대에서 뇌종양을 앓아 힘들어했습니다. 그때 장로님 병원으로 전화했을 때 친절하게 상담해 주시고 기도까지 해주셔서 정말 감사했습니다. 그리고 제 동생을 보냈을 때도 기도해 주셨다고 들었습니다. 박사님, 정말 감사합니다. 우리 아들은 몇 년 전에 천국으로 갔습니다. 그동안 감사한 마음에 넥타이핀을 선물해 드리고 싶었습니다."

순간 며칠 전에 제가 주님께 "주님, 이 넥타이핀이 5~6년 정도 되었는데 좀 바꿔 주세요" 하고 기도했던 것이 생각났습니다. 그런데 그 집사님이 제게 넥타이핀을 선물로 주신 것입니다. 은혜롭게 말씀을 전하고 새벽 1시에야 집으로 돌아왔지만 참 행복한 하루였습니다.

사랑하는 두 아들이 어느새 의젓해져서 제법 어른스런 이야기를 할 때, 집회에서 돌아오니 목사님께서 보내 주신 밀감 한 상자가 놓여 있을 때, 예상하지 못했던 환우가 회복되었을 때…. 늘 우리에게 예상하지 못한 일로 큰 행복을 주시는 주님께 감사드립니다.

이제
행복을
선택하세요

인류는 지금까지 언제나 행복하길 바라며 살아왔습니다. 그렇기에 세상은 행복하길 바라는 사람들로 늘 가득합니다. 인간은 본능적으로 행복을 추구하며 삽니다. 그러나 행복은 마음대로 주어지는 것이 아닙니다. 정치도, 경제도, 사회도, 법도, 교육도, 의료도, 환경도, 윤리도, 철학도, 국제관계도, 가정도, 학교도, 심지어 종교까지도 행복해 보이지 않습니다. 열 명 중 네다섯 명은 이혼합니다. 명문대학에 들어가면 모두 행복할 것 같은데 SKY 대학에 진학하는 고교 졸업생의 1% 정도만 자신의 과에 만족해 한다고 합니다. 일평생 행복한 꿈이 이루어지는 비율도 1~2% 정도라고 합니다.

의료 수준과 질이 신장되었는데도 우리 사회는 여전히 여성 4명 중 1명, 남성 3명 중 1명이 암으로 사망합니다. 대학생들은 여전히 등록금이 비싸다고 아우성이며, 졸업 후에도 취직이 되지 않으니 행복할 겨를도 없습니다. 초·중·고 학생들은 유치원에서부터 입시경쟁을 치른다는 말도 있습니다. 학교에서 선생님은 선생님대로 학생은 학생대로 행복하지 않습니다. 회사에서도 가정에서도 우리 가장과 주부는 불행하게 삽니다. 사회의 부조리와 비리 등 매스컴에서 매일 쏟아지는 온갖 소식은 가히 우리 사회가 불행공화국이라고 해도 과언이 아닙니다. 그러니 우리 사회는 늘 행복하지 않다고 생각하는 사람들이 훨씬 많은 것 같습니다. 시대를 잘못 태어나서 행복하지 않다고 생각합니다.

우리나라는 행복과 관련된 여러 조사에서 매번 하위를 차지합니다. 대표적인 예로 2009년 월드 밸류 서베이(World Value Survey)가 국가별 행복지수를 발표했는데, 전체 37개국 중 우리나라가 28위를 차지했습니다. 이렇게 볼 때 상위 1%의 극소수도 행복하지 않은 것입니다. 2006년 통계에 따르면 월소득 1,000만 원부터 행복지수가 떨어진다는 보고도 있습니다. 사실 행복을 숫자로 환산한다는 것은 무리가 있지만 의미하는 바는 큽니다.

또한 영국의 신경제재단(New Economics Foundation)이 내놓은 '2012 행복지수 보고서'에 따르면 2012년 한국인의 행복지수는 43.8점으로 151개국 중에 63위입니다. 국력이 신장되고 경제규모가 세계 11위, 소득 수준이 2만 달러를 넘었지만, 우리 사회는 여전히 행복하지 않은 사람이 많아 보입니다. 행복을 논리적·숫자적·비교우위적으로 해석하고 추구해서는 일시적으로 행복할 수는 있지만 진정한 행복은 누릴 수 없습니다.

결국 인간의 공통된 고민은 '어떻게 하면 행복할 수 있을까'입니다. 그러나 행복을 추구하는 만큼이나 우리는 행복에 대해 무지합니다. 무감각하고 무관심하며 행복은 막연한 이상(理想)으로 여기는 사람이 많습니다. 이론은 많으나 실제 생활에서 어떻게 사는 것이 행복한 삶인지 알지 못합니다.

지금까지 일상에서 얻을 수 있는 행복한 마음에 대해 살펴보았습니다. 이 책을 읽는 많은 분이 행복을 경험하고 행복했으면 좋겠습니다. 혹시 '행복하지 않은데 어떻게 행복해', '나는 안 돼' 하는 분들은 이야기 하나를 붙들고 실천해 보시기 바랍니다.

저도 행복하지 않던 때가 있었습니다. 아버님의 사업 실패로 참 불행하다고 생각하며 살았던 적이 있습니다. 모든 행복은 마치 저세상 이야기 같고 남의 일 같아 부러워하며 살았습니다. 하지만 과거의 그 경험이 지금의 내 모습과 행복을 깨닫게 해주는 좋은 재료였음을 확신합니다. 불행했던 시간이 지금에 이르러 이렇게 멋진 추억이 될 줄은 정말 몰랐습니다.

사실 돌아보면 세상에서 일어나는 모든 일은 나의 행복을 위해, 나를 빚어 가시는 주님의 선물입니다. 어떤 일과 사건도 제게 다 도움이 되었습니다. 그러니 이제부터 모든 것은 합력하여 선을 이루게 됨을 확신하고 나아가는 것이라고 선언합시다. 삶 자체를 긍정하고 행복하게 바라보고 산다면 무한한 행복을 경험할 수 있습니다.

저는 강의나 강연을 할 때면 은근히 스트레스를 받습니다. 그럼에도 행복하게 즐기려고 애씁니다. 모두 저의 이야기를 경청하는 것을 보면 얼마나 행복한지 모릅니다. 어떤 청중이 고개를 끄덕이며 강의에 집중하고 따라오면 너무너무 행복합니다. 내가 먼저 행복해야 관중도 즐겁고 행복합니다. 저는 오랜 시간 암 환우의 수술을 진행해도 행복합니다. 수술을 하면 신이 나고 즐겁습니다. 그래서 외과 교수가 되었는지도 모릅니다. 저는 암 환우의 진료도 즐겁습니다. 암 환우의 말을 들어주면서 인생을 배웁니다. 이렇게 사니까 암이 생기는구나, 이렇게 하니까 암이 잘 낫는구나, 이렇게 하니까 힘들구나, 이렇게 하니까 오해가 생기고 서로 미워하는구나, 이렇게 하니까 오해가 서로 풀어지는구나…. 이러한 경험을 하면서 인생에는 사연이 참 많다는 것을 깨닫습니다.

그런데 어떤 사람은 스트레스가 많아 불행을 입에 달고 살고, 어떤 사람은 같은 환경에서도 전혀 스트레스를 받지 않습니다. 도대체 왜 그럴까요? 그것은 마음의 선택에 달려 있기 때문입니다. 우리가 행복하기를 선택하고 선언한다면 행복할 권리를 누구에게도 빼앗기지 않을 것입니다. 그러나 우리의 심령이 흩어져서 기분으로 반응하면 불행을 선택하고 맙니다. 우리 모두가 일상에서 행복을 선택하고 행복한 마음이 되었으면 좋겠습니다. 거창하게 과장하면서 불행한 인생을 사는 것이 아니라 모두들 소박하고 따뜻하고 멋지고 행복한 인생을 살았으면 좋겠습니다.

저는 잘 웃고 잘 웁니다. 웃음도 많아 눈가에 주름을 늘 달고 다니지만 눈물이 더 많은 편입니다. 은혜가 되면 그저 눈물이 납니다. 그래서 암 환우들의 사연을 들어주고 기도하면서, 외래진료에서, 새벽기도에서, 주일예배를 드리면서, 가정에서 가족과 큐티하다가, 기도하다가, 새벽에 책을 쓰다가, 영화를 보다가, 지금은 하늘나라에 간 저의 사랑하는 친구인 김봉석 형제를 기리면서, 과거의 감사한 추억을 떠올리면서, 부모님 사랑을 생각하면서, 나를 가르친 고마우신 선생님들과 목회자들께 감사하면서, 선교지 현지인들을 생각하면서, 주님께서 구원해 주신 십자가 사랑을 묵상하면서, 이 나라를 생각하면서, 주님과 가족, 교회와 성도를 사랑하면서, 살아 있음이 감사해서 저는 잘 웁니다.

울면 참 행복해집니다. 은혜가 됩니다. 대단한 것으로 행복한 것이 아니라 생활이 감사요, 은혜와 행복입니다. 이 책을 쓰면서도 참 행복했습니다. 저의 행복한 기운이 전해져서 이 책을 읽는 모든 분이 행복하길 기원합니다. 당신은 행복해질 수 있는 모든 것을 이미 다 가지고 있습니다. 이제 행복을 선택하기만 하면 됩니다.

지금까지 수많은 분들이 제게 행복을 전해 주셨습니다. 이 책이 나오기까지 제게 많은 가르침과 깨달음을 주신 사랑하는 암 환우분들께 감사를 드립니다. 또 제 곁에서 늘 공기처럼 존재하며 행복을 가르쳐 주신 선생님들과 동역자들에게도 감사합니다. 부족한 저를 집회에 초청해 주셔서 주님께 영광 올리며, 더불어 은혜를 나눌 수 있게 해주신 많은 한국교회, 이민교회 목회자님들께도 고개 숙여 감사드립니다.

이 책을 만드느라 수고하신 두란노서원 모든 분께도 감사를 전하고 싶습니다. KOSTA 동료 강사님들과 KOSTAN, 남서울교회 최성은 담임목사님과 사랑하는 교우들, 필리핀·태국·몽골 의료선교 동역자들과 사랑하는 제자들, 병원의 김경남, 황용미 간호사와 직원들, 또 그 무엇과도 바꿀 수 없는 사랑하는 아내 정아와 두 아들 창엽이, 성엽이, 사랑과 행복을 주신 모든 분께도 감사를 드립니다.

그 무엇보다도 저를 값없이 사랑해 주시고, 구원의 감격과 은혜를 주시고, 참 행복을 주신 성삼위 하나님께 감사와 영광을 올려드립니다.

당신은 행복해질 수 있는
모든 것을
이미 다 가지고 있습니다.
이제 행복을
선택하기만 하면 됩니다.